KB202160

인생을 변화시키는

시간
전략

지은이 **아오키 사토시** 青木仁志

1955년 일본 홋카이도에서 태어났다. 국제적인 기업인 브리태니커에서 영업 매니저로 일하면서 여러 차례 판매대상을 수상했고, 이후 능력개발 컨설팅 회사에서 영업총괄본부장과 이사를 거쳐 1987년에 인재교육 컨설팅 회사인 어치브먼트 주식회사를 설립했다. 기업 연수 강사로서 23만 명이 넘는 사람들의 교육을 담당하기도 했다. 그동안 지은 책으로는 『전략을 넘어선 이념 경영』, 『판매의 기술』, 『성공의 비결』, 『판매 구조를 만드는 법』, 『작은 회사로 크게 버는 법』, 『전달력』, 『비즈니스 테라피』, 『절대 영업력』 등이 있다.

옮긴이 **이민영**

일본 루테르학원대학 인문과학 신학과를 졸업하고 지금은 전문 번역가로 활동하고 있다. 그동안 옮긴 책으로는 『그 서류 어디 있지?』, 『두뇌의 힘 100% 끌어올리기』, 『메모 — 당신의 뇌를 춤추게 하는 27가지 메모법』, 『일하는 20대의 성장 습관』, 『내 아이의 공부 머리를 깨우는 두뇌 개발 학습법』, 『루이비통의 법칙』 등이 있다.

JINSEI WO KAERU JIKAN SENRYAKU(Time Strategy Changes Your Life)
by Satoshi Aoki
Copyright ⓒ 2009 by Satoshi Aoki
All rights reserved.

Original Japanese edition published by Achievement Publishing Co., Ltd.
Korean Translation Copyright ⓒ 2010 by Yeonamsa Publishing
This Korean edition published by arrangement with Achievement
Publishing Co., Ltd., Tokyo in care of Tuttle-Mori Agency, Inc., Tokyo
through EntersKorea Co., Ltd., Seoul.

인생을 변화시키는

시간
전략

성 공 한   삶 을   위 해
반 드 시   알 아 야   하 는
시   간   의   본   질

아오키 사토시 지음 | 이민영 옮김

연암사

차 례

3:00

4:00

5 : 00

시간을 어떻게 사용하느냐에 따라 인생이 달라진다.

이것은 지금까지 제가 2만 명이 넘는 사람들 앞에서 성공에 관한 강연을 진행하면서 얻은 결론입니다.

성공한 사람은 누구나 시간을 효율적으로 활용합니다. 성공한 사람들이 뛰어난 능력을 지녀서 시간을 효율적으로 사용했을까요? 그렇지 않습니다. 성공한 사람들은 자신이 인생에서 진정으로 원하는 것이 무엇인지(인생의 의미 또는 목표)를 분명히 알고 있고, 그것을 실현하기 위한 전략과 전술을 세우고 매일 실천하다 보니 시간을 효율적으로 활용하게 된 것입니다.

『인생을 변화시키는 시간전략』은 이미 시중에 많이 나와 있는 시간 관리 방법이나 도구를 모아 소개한 책과는 다릅니다. 이 책은 성공한 사람들이 갖고 있는 시간에 대한 생각을 배워

여러분 스스로가 인생에서 무엇을 원하는지를 깊게 생각해보도록 했습니다. 바로 거기에서 시간의 효율적인 활용 방법을 배울 수 있도록 돕는 책입니다.

인생의 목표를 분명히 알지 못하고서는 진정한 의미의 시간 사용법을 배울 수 없습니다. 자신이 이루려는 것이 무엇인지, 무엇을 소중히 여기는지를 분명히 안 뒤에야 비로소 지금 이 순간 무엇을 할지를 결정할 수 있지 않을까요?

사람은 자신이 원하는 것을 분명히 알고 있을 때 그 꿈과 목표를 실현하기 위해 스스로 대가를 지불합니다. 사람은 그냥 두면 마냥 편한 것만 추구하려고 합니다. 이것은 어쩔 수 없는 본능입니다. 하지만 자신이 진정 원하는 것을 분명히 알면 게으른 본능에 반해서 행동할 수 있습니다. 지금 당장은 결코 쉽지 않은 대가를 지불하고 있는 듯해도, 길게 보면 그 대가가 커다란 즐거움으로 이어진다는 것을 알기 때문입니다.

커다란 목표를 이루려면 모든 사람에게 평등하게 주어진 시간을 든든한 후원군으로 삼아야 합니다. 꿈이나 목표가 크든 작든 간에 평등하게 주어진 시간을 잘 활용한다면 반드시 이룰 수 있습니다. 습관이 바뀌면 주변도 달라집니다. 성공한 사람들과 인맥을 쌓고 다양한 기회를 잡을 수 있게 되면 주위 사람들도 당신이 바뀌었다는 것을 금방 알아차리게 됩니다.

성공은 하루하루의 꾸준한 노력이 맺은 결실이다.

바로 이것이 제가 목표 달성 트레이너로 일하면서 얻어낸 답입니다. '자신의 목표에 집중해서 구체적으로 행동하는 것을 습관으로 만들어라. 인생의 성공과 실패는 여기에 달려 있다.' 이렇게 단언할 수 있는 이유는 바로 제가 변했기 때문입니다.

제가 목표 달성 트레이너라는 직업을 갖게 된 데에는 그만한 이유가 있습니다.

"월급 내놔, 이 나쁜 놈아!"

직원에게 멱살을 잡힌 채 휘청거리며 멍한 표정으로 서 있는 아버지. 어린 제 눈에 들어온 광경이었습니다. 아버지가 광산 경영에 실패한 뒤부터 집은 빚쟁이들로 북적거렸고, 초등학생 때부터 저는 신문배달을 하며 집안 살림을 도왔습니다. 열일곱 살에 고등학교를 중퇴하고 홀로 도쿄로 상경했지만 학력이나 경력, 기술이 전혀 없었기 때문에 좋은 조건의 직장을 구할 수가 없었습니다. 어렵사리 철공소의 용접 견습공으로 들어갔고, 이곳에서 온몸이 부서져라 열심히 일했습니다.

이십 대 초반에 회사를 세웠지만 실패하고, 빚을 갚기 위해 월급도 없이 판매 수수료만 받는 영업사원이 되었습니다. 하지만 저는 매일 최고의 영업사원이 되는 법만을 생각하면서 자기 계발, 영업, 시간 관리와 관련된 책들을 닥치는 대로 읽었습니다. 스물아홉 살에 성실한 모습이 좋은 평가를 받아 능력개발 컨설팅 회사에 스카우트되었고, 3년 후에는 임원이 되었습니다. 같은 해에 회사를 설립했고, 지금은 목표 달성 트레이너로서 기업 연수를 포함해 23만 명 이상의 사람들을 훈련시키고 있습니다.

학력이나 인맥, 경력 없이 현실과 온몸으로 부딪힌 저는 사회에서 성공하려면 스스로에게 투자해서 자신의 가치를 높이는 것 말고는 방법이 없다는 것을 깨달았습니다. 열일곱 살에 처음 사회에 발을 내딛었던 당시에 저는 별 볼일 없는 청년이었습니다. 인생의 비전도, 목표도 전혀 없었습니다. 하지만 '인정받고 싶다, 도쿄에 가서 출세하고 싶다, 부자가 되고 싶다, 막연하지만 잘되었으면 좋겠다······' 제 안에는 이런 생각 들로 꽉 차 있었습니다.

그래서 자신을 있는 그대로 솔직하게 받아들이고 성공하려면 무엇이 필요한지, 어떻게 해야 할지에 집중해서 날마다 최선을 다했습니다. 그러자 좋은 일들이 일어나기 시작했습니다. 물론 이 책을 읽는 여러분도 '행복해지고 싶다' 또는 '성공하고 싶다'라고 생각할 겁니다. 성공하기 위해 시간 관리에 관한 다양한 책들을 읽었을지도 모릅니다.

해야 할 일 목록을 만들어 매일 확인한다, 자신에게 주는 상을 준비한다, 일은 80퍼센트의 완성도로 마무리한다······ 등등 시간 관리에 관한 노하우는 셀 수 없을 정도로 많습니다. 아마 여러분은 상당한 노력을 기울여 이것들을 실천하기 위해 애썼을 겁니다. 그런데도 잘되지 않았기 때문에 결국 이 책을 손에 든 것이 아닌가요?

시간 관리의 중요성을 알면서도 꾸준히 실천하지 못하는 이유는 무엇일까요? 자신에게 다음과 같은 질문을 던져보세요.

내 삶의 목표는 무엇인가?

목표 달성 연수에 참가하는 수강생들을 보면 성과를 내는 사람, 엘리트라는 평가를 받는 사람들은 반드시 인생에서 가장 이뤄내고 싶은 목표, 즉 분명한 과제를 갖고 있습니다. 목표에 집중해서 하루하루 최선을 다하면 주변이 바뀌고 좋은 사람들과의 인맥이 형성되면서 결국 목표를 이루게 됩니다.

여러분에게는 과제가 필요합니다. 과제가 있으면 지치지 않고, 목표가 확실하면 이를 이루기 위해 시간을 사용하게 됩니다. 시간전략이란 과제에서 시작해서 목표를 세우고 이를 실현하기 위해 시간을 효과적으로 사용하는 것입니다.

과제는 쉽고 간단하게 찾아낼 수 있는 게 아니다.

이런 생각을 하는 사람도 분명 있을 것입니다. 물론 제가 여러분의 과제를 찾아줄 수는 없습니다. 다만 과제를 찾는 일을 도울 수는 있습니다. 시간전략을 실행하면 과제에서 시작해 진짜 목표를 세우는 것과 목표를 이루기 위한 행동을 습관화하는 방법을 배울 수 있습니다.

이 책에서 제시한 방법을 익히면 틀림없이 좋은 결과를 낼수 있습니다. 용접 견습공에서 목표 달성 트레이너가 되기까지 저의 실제 경험을 토대로 한 방법이기 때문입니다. 여러분 안에 더 나아지고 싶다는 마음이 자리 잡고 있다는 것을 솔직하게 인정하고, 조금씩 실천해가면 반드시 목표를 이룰 수 있습니다.

그러면 지금부터 여러분이 진정한 삶의 목표를 발견하고 실현하기 위한 시간전략을 함께 만들어보도록 합시다.

1:00

시간전략이란 무엇인가

시간은 관리할 수 없다 | 매일 아침마다 일정을 확인하라 | 외부에서 벌어지는 일은 통제할 수 없다 | 나는 왜 성공을 원하는가 | 시간전략은 자신의 능력을 아는 것에서 시작된다 | 자신에게 투자하라 | 자신에 대한 투자에는 끝이 없다 | 시간전략은 창조적인 작업이다

시간은 관리할 수 없다

시간이란 무엇일까?

시간전략은 시간의 본질을 정확히 아는 것에서 시작된다. 시간의 본질을 제대로 이해하지 못한 채 시간을 관리할 수는 없다. 본질에 대한 정확한 이해가 시간전략의 성공을 좌우한다.

시간은 하루 24시간 누구에게나 평등하게 주어진다. 기다려주지도 않는다. 집에서 하루 종일 빈둥거리건, 밖에서 열심히 일을 하건 시간은 똑같이 흘러간다. 돈처럼 모아둘 수도 또 모아둔 것을 한꺼번에 쓸 수도 없다.

이 책을 포함해서 세상에 나와 있는 많은 책들이 시간을 전략적으로 사용하는 것을 시간 관리라고 표현하고 있지만, 엄밀하게 말하면 시간 자체는 관리할 수 있는 것이 아니다. 바로 이것이 시간에 관한 중요한 진실이다.

그렇다면 시간을 전략적으로 사용하는 것은 가능한가? 물론 답은 NO다. 시간은 관리할 수 없다. 하지만 쉬지 않고 흘러가는 시간 속에서 시간에 맞춰 '자기 자신의 행동(＝일정)'은 관리할 수 있다. 전략적으로 시간을 파악하고 한정된 시간을 최대한 효과적으로 보내기 위해 언제, 어디서, 무엇을 할지를 계획하고 그것을 실천하는 것이야말로 시간 관리의 참뜻이다. 이 책에서는 바로 이것을 시간 관리라고 부른다.

일정 관리야말로 시간전략의 본질이다. 그렇다면 일정을 관리하려면 어떻게 해야 할까? 여기서 중요한 것이 사다리 타기의 개념이다. 일반적으로 사다리 타기는 일단 번호를 고르면 무엇이 당첨될지 완전히 운에 맡겨야 한다. 그러나 시간전략을 성공시키기 위한 사다리 타기는 전혀 반대다.

'무엇을 언제까지 이룰까' 또는 '어떤 성과나 결과를 얻을까'라는 목표를 설정하고 이를 실현하기 위해 누가, 언제, 어디에서, 무엇을, 어떻게 할지를 정한다. 즉 얻고자 하는 성과에서 거꾸로 생각해서 구체적인 행동을 정하는 것이 시간전략을 성공으로 이끄는 거꾸로 보는 사다리 타기다.

〔그림 1〕 거꾸로 보는 사다리 타기

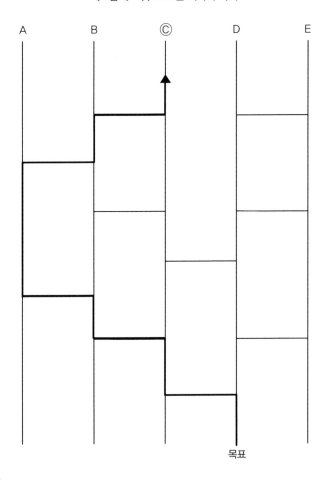

A   B   Ⓒ   D   E

목표

인생을 변화시키는 시간전략

"말은 쉽지만 모든 일이 마음먹은 대로는 안 된다"라고 말하는 사람도 있을 것이다. 그러나 일정을 관리하지 못하는 데에는 그럴 만한 이유가 반드시 있다.

"나는 왜 일정 관리가 안 될까?"

여러 가지가 떠오르겠지만 아마도 가장 큰 이유는 목표를 이루려는 의지가 낮다는 데 있을 것이다. 예컨대 당신이 어릴 때부터 동경하던 인물과 아주 잠깐 이야기를 나눌 기회를 얻었다고 생각해보자. 물어보고 싶은 말, 하고 싶은 말은 너무 많은데 만날 수 있는 시간이 아주 잠깐뿐이라면 당신은 그 자리에 지각하겠는가? 단 1분이라도 더 그 사람과 있기 위해 무슨 수를 써서라도 시간에 맞춰 약속 장소에 가려 할 것이다. 당신은 시간은 기다려주지 않는다는 것, 모아둘 수 없다는 것을 잘 알고 있기 때문에 절대로 지각하고 싶지 않은 것이다.

동경하는 사람과 이야기를 나눈다는 목표에 대한 높은 의욕 때문에 지각을 하지 않는 것은 반드시 실현하고 싶은 목표가 있기 때문에 행동을 한다는 것을 의미한다. 이렇게 높은 의욕을 일에도 발휘한다면 자연스럽게 시간 관리가 가능해진다.

목표가 약하고 행동으로 옮길 만큼의 동기 부여를 발휘할 수 없는 당신의 게으름과 나약함이 시간 관리를 하지 못하는 결과를 가져오는 것이다.

매일 아침마다 일정을 확인하라

하루의 일정만 관리해서는 시간전략이라 할 수 없다. 1개월, 6개월, 1년, 5년, 10년, 15년…… 먼 미래까지도 예측하며 관리해야 한다. 그러나 지금 당장 20대 젊은이들에게 40년 후인 60대 때의 목표를 정하라고 하면 막막하게 느낄 것이다. 멀게만 느껴지는 미래에 현실감을 잃을 수도 있다. 게다가 60대 때의 인생은 60대가 되기까지의 과정, 즉 30대, 40대, 50대를 어떻게 보내느냐에 따라 결정된다.

시간전략이란 지금 하고 있는 일과 앞으로 해야 할 일들을 관리하는 것이다. 그러한 일들을 관리하면서 삶의 경험을 쌓아간다는 생각이 중요하다. 삶의 계획을 어떻게 세워야 하는지는 나중에 자세히 설명하기로 하고, 먼저 동기 부여를 위해 무엇을 해야 할지에 대해 생각해보자. 이것은 경험을 쌓는 일이 얼마나 중요한지를 생각하면 알 수 있다.

우선은 매일 아침 하루의 일정을 확인하고 조정하는 습관을 기르자.

나는 아침마다 하루의 일정을 확인하는 시간을 따로 갖는다. 수첩을 꺼내 오늘의 일정을 확인하고, 해야 할 일을 꼼꼼히 계획한다. 약속을 확인하고, 어떤 일을 누구에게 맡길지 결정하고, 나아가 일을 맡기는 가장 적합한 시기와 방법도 궁리한다. 전화와 이메일 가운데 어느 쪽을 이용하는 것이 효율적일지도 찬찬히 생각해본다. 이 시간만큼은 방해받고 싶지 않다. 시간 관리 의식을 높이는 습관을 기르는 데 중요한 시간이기 때문이다.

나는 매일 아침 회사에 출근하기 전에 단골 카페에 들러 커피를 마시며 30분에서 1시간가량 하루 일정을 구체적으로 생각해보고, 내 삶의 의미와 경영자로서 앞으로 해야 할 일을 구상한다. 또 목표한 성과를 확실히 내고 있는지, 오늘 계획한 일정을 전부 소화할 수 있을지도 가늠해본다.

세상은 나를 중심으로 돌지 않기 때문에 계획한 일정대로 움직이지 못할 때도 많다. 그래서 일정이 어그러졌을 때 어떻게 궤도를 수정할지도 미리 생각해야 한다. 일정이 틀어져 사라져버린 하루 때문에 계획한 목표를 이루지 못할 수도 있기 때문이다. 어제 해야 할 일을 하지 못했다면 그에 대한 반성도 필요하다. 반성은 시간 관리의 중요성을 깨닫게 하고, 시간 관리 의식을 더욱 높여준다.

이처럼 따로 시간을 정해서 하루 일정과 자신을 돌아보는 습관을 기르면 시간 관리의 중요성을 더욱 실감하게 된다.

외부에서 벌어지는 일은 통제할 수 없다

지금까지 목표 달성 트레이너로서 많은 사람들을 훈련시키면서 얻은 결론 가운데 하나가 '주변에서 일어나는 일은 통제할 수 없다'는 사실이다. 시간전략이란 일정 관리, 즉 일정을 조정하는 것인데 실제로 주변에서 일어나는 일은 나에 맞추어 조정할 수 없다.

아무리 꼼꼼하게 계획을 세워도 교통사고로 인한 정체나 전철의 지연을 피할 수는 없다. 나는 제시간에 도착했는데 상대방이 지각하는 일도 있다. 이런 일들을 일일이 불만스럽게 생각거나 '저 사람이 늦게 오는 바람에 오늘 일정이 엉망이야'라고 생각해봤자 이미 지나가버린 시간은 되돌릴 수 없거니와 능률도 오르지 않는다. 그러면 어떻게 대처해야 할까?

예기치 못한 사고 때문에 일정이 어긋나버리는 것은 어쩔 수 없다. 자신의 능력 밖의 일이다. 그러나 일정이 어긋나지 않도록 여유를 갖고 행동하거나, 일정이 어긋났다는 것을 알게 된 시점에서 재조정해서 잃어버린 시간을 회복하는 방법을 생각할 수는 있다. 하지만 지각을 많이 하는 사람에게 시간에 맞춰 행동하라고 강요할 수는 없다. 가능한 선택은 조금 가혹한 말이지만 시간을 제대로 지키지 못하는 사람과는 최대한 사귀지 않거나, 적당한 거리를 유지하자고 마음속으로 정해두는 것이다. 자신에게 시간 관리가 중요하다면 그것을 지키는 데 방해가 되는 인간관계나 환경은 바꿀 수밖에 없다. 내게는 가족이나 직원, 주어진 일이 더 중요하기 때문이다.

주어진 일을 잘하려면 무엇보다 건강이 가장 중요하다. 그래서 나는 하루 세 끼를 잘 챙겨 먹을 뿐만 아니라, 먹는 음식에도 세심한 주의를 기울인다. 신체 나이를 젊게 유지하기 위해 면역력 증강이나 스트레스에 대처하는 법에 관한 정보를 찾아보기도 하고, 건강 보조식품도 챙겨 먹는다. 차로 이동할 때가 많아 운동 부족이 되기 쉽기 때문에 휴일에는 아이들과 자전거를 타거나 공놀이를 한다. 자신이 건강하지 않으면 사랑하는 가족을 지킬 수 없다. 최상의 컨디션 유지를 위해서는 반드시 건강관리가 필요하다.

자신이 소중히 여기는 것을 목록으로 만들어서 거꾸로 이를 지키기 위해 필요한 일을 생각해보면 지금 이 순간 해야 할 일이 보이기 시작한다. 이러한 개념도 시간 관리에 대한 동기 부여를 높일 수 있다.

앞서 주변에서 일어나는 일은 통제할 수 없다고 말했다. 이 사실을 염두에 두고 자신의 일정을 조정하는 것은 시간전략의 기본이다. 이것을 이해하고 나서 지금 하고 있는 일의 성과와 목표, 나아가 인생의 목표를 분명히 세워보자.

'왜 나는 이러한 성과 또는 결과를 원하는가'를 자신에게 물어보라. 이를 통해 자신이 진정으로 원하는 성과와 결과 또는 목표의 이유를 찾을 수 있다.

· 누구를 위해 성공하려는 것인가?

· 무엇을 위해 성공하려는 것인가?

· 왜 성공해야만 하는가?

이 세 가지가 불분명한 사람은 성공할 수 없다. 바꿔 말하면 성공에 대해 스스로 납득할 수 있는 분명한 이유를 갖고 있어야 시간전략을 성공적으로 실천해 자신이 세운 목표를 이룰 수 있다.

시간전략은 자신의 능력을
아는 것에서 시작된다

영업사원 시절에 나는 닥치는 대로 열심히 일했다. 하루 종일 쉬지 않고 일했고, 휴가나 휴일을 즐기기보다는 일을 더 우선시했다. 돌이켜 생각해보면 20대에는 그렇게 열정적으로 일해도 좋았던 것 같다. 무턱대고 열심히 일한 경험 덕분에 나의 그릇, 즉 능력을 알게 되었기 때문이다. 사람은 자신의 능력을 넘어선 일을 하기도 하고 또 실제로 그런 날들을 보내면서 스트레스를 받는다.

나는 지금의 회사를 '매출 100억 엔, 경상이익 20억 엔, 사원 500명 규모의 기업으로 키우자'는 목표를 갖고 있다. 이 정도의 규모가 내 능력의 한계라고 생각하기 때문이다. 그래서 '매출 1,000억 엔 기업'이라는 목표는 생각하지 않는다.

할 수 있는 능력 안에서 살아가면 자신의 속도에 맞게 실패

없는 인생을 보낼 수 있다. 경영자로서 직원의 생계를 책임져야 하고, 내 가족을 지키기 위해서라도 실패란 있을 수 없다. 만약 내가 젊었을 때 앞뒤 가리지 않고 열심히 일한 경험과 20대에 사업에 실패한 경험이 없었다면, 내 능력의 한계를 객관적으로 보지 못하고 무모한 계획을 세워 회사 경영에 실패했을지도 모른다.

자신의 그릇을 알지 못하면 시간전략은 성공하지 못한다. 쓰러질 정도로 열심히 일하면 된다는 생각에 무리한 계획을 세운다면 목표 달성은커녕 자신의 건강마저 해칠 수 있다.

만약 여러분이 지금 20대라면 자신의 그릇, 즉 능력을 알기 위해 무턱대고 열심히 일해도 상관없다. 그러나 30대 이상이라면 객관적으로 자신의 그릇을 파악해서 그 범위 내에서 시간 관리를 하는 방법을 배우는 것이 중요하다.

자신에게 투자하라

지금 이 책을 읽고 있는 당신은 독서를 위해 시간을 할애하고 있다. 다시 말해 일시적으로 시간을 잃어버린 상태다. 중요한 시간을 쪼개서 이 책을 읽는 이유는 무엇인가? 아마도 책을 다 읽고 난 후에 시간전략을 성공적으로 실천할 수 있기를 바라기 때문일 것이다.

나는 매회 200명에 가까운 수강생들이 참가하는 사흘간의 강연을 한 달에 서너 차례 정도 전국에서 개최한다. 이 밖에 강연과 세미나 활동, 관련 회사 두 곳의 경영, 외부 이사와 고문 등 여러 가지 활동을 하고 있기 때문에 6개월 내에는 새로운 약속을 잡기가 어려운 상태다. 그래도 매년 50권 이상의 책을 읽고, 1년에 1번은 해외에서 열리는 인력 교육에 관한 최신 세미나에 참석한다.

시간에 여유가 없을 때에도 이렇게 의식적으로 자기 투자를 하는 이유는 급할수록 돌아가야 한다고 생각하기 때문이다. 독서와 세미나 참석을 통해 새로운 지식을 습득하면 지금까지 1시간에 걸쳐 생각하고 결론 내렸던 일을 5분 만에 결정할 수 있다는 것을 경험으로 깨달았기 때문이다. 그러나 최근에 비즈니스 관련 서적을 1년에 한 권 정도밖에 읽지 않는다는 사람들이 늘어나고 있다. 책을 읽지 않는 이유가 무엇인지는 모르지만, 독서를 하지 않으면 자신의 가치를 높일 수 없다는 것은 확실하다.

투자란 자신의 가치를 높이는 일이다. 이것을 위해 시간을 할애하는 것이 당장은 낭비로 보일 수도 있지만, 미래의 자신에게는 분명 도움이 되는 시간이다.

독서나 세미나 말고도 자기 투자에는 여러 가지가 있다. 질 좋은 옷을 입거나 값비싼 액세서리로 치장하는 것도 자신의 가치를 높이는 중요한 수단이다. 아무도 초라해 보이는 사람과는 비즈니스를 하고 싶어 하지 않기 때문이다. 만약 벤츠를 판매하는 영업사원이 '이번에 차를 팔아서 수당이 생기면 새

양복을 하나 맞춰야지'라고 생각해 허름한 양복을 입고 영업을 한다면 차는 팔리지 않는다. 고급 차를 판매하는 영업사원은 거기에 걸맞은 차림새를 갖추고 있어야 고객도 '이 영업사원이라면 1억 원짜리 차를 사도 안심이다'라고 생각한다.

자기 투자 없이 목표를 달성할 수는 없다. 다시 말해 시간전략도 성공하지 못한다.

자신에 대한 투자에는 끝이 없다

자기 투자는 능력 개발로 이어진다. 그런데 자신에 대한 투자에는 끝이 없다. 나는 50대에 컨설팅 회사에 1,000만 엔을 투자해 분사화(기업의 일부를 본사에서 분리 독립시켜 자회사로 만드는 것—옮긴이) 노하우를 배웠다. 독서나 능력 개발을 위한 세미나 참석도 앞서 말한 것처럼 계속하고 있다.

사실 내가 이러한 자기 투자를 좋아한다는 것도 부정할 수는 없다. 영업사원 시절부터 자기 계발에 관한 책을 닥치는 대로 읽었고 인재교육 강연을 하는 것도 자기 투자의 의미와 필요성을 느끼고 있기 때문이다. 그러나 일반적으로 자기 투자를 했다는 사실에만 만족해버리는 사람들이 많다. 그래서는 동기 부여는커녕 능력 자체도 개발하기가 어렵다.

목적이 있어 유학을 떠난 것일 텐데 해외에 나갔다 왔다는 사실에만 만족해, 나름대로 현지 언어를 습득했다고 착각하는 이들이 적지 않다. 그러나 그것만 가지고는 어학 실력은 늘지 않는다. 귀국 후에도 계속 공부하지 않으면 습득한 외국어는 차츰 잊어버리기 마련이다.

공부를 꾸준히 하면 더욱더 높은 곳을 향해 새로운 공부를 해보고 싶다는 욕심이 생겨난다. 이 욕심이 있어야만 능력을 개발할 수 있다. 물론 적절한 때에 멈춰야 하는 경우도 있다. 운전면허를 예로 들어보자. 택시나 대형차를 운전할 생각이 없다면 대부분의 사람들은 1종 면허나 대형 면허를 취득할 필요가 없다.

이처럼 자기 투자나 능력 개발도 방향성이 중요하다. 어떤 분야의 능력을 키우고 싶은지, 무엇을 이루기 위해 투자하는 것인지를 분명히 한 다음에 그 분야에 집중해서 자기 투자를 하는 자세가 필요하다.

시간전략은 창조적인 작업이다

어쩌면 시간 관리나 일정 관리라는 말이 억압적으로 들리거나 너무 목적 의식적이라고 생각해서 거부감이 들 수도 있다. 그러나 실제로는 그렇게 억압적이지도 목적 의식적이지도 않다. 나는 추진력도 있고 어떤 일이건 속전속결로 움직이는 편이라 언뜻 보기에는 굉장히 주도면밀한 사람으로 보인다. 그러나 마음이 내키면 누구와도 비즈니스를 하는가 하면, 그렇지 않을 때도 있다. 동정심이 판단 기준이 될 때도 있다.

아무런 논리적인 근거도 없는데 상대방이 무턱대고 괜찮은 사람으로 느껴져서 관계를 맺을 때도 있다. 그런가 하면 뜻이 맞는 사람과 가치 있는 성과를 내고 싶다는 생각에 비즈니스를 할 때도 있다. 비즈니스란 사람과 사람의 만남에서 태어나 성장한다. 그러므로 모든 일이 논리적 또는 합리적으로 진행

되는 것은 아니다.

시간전략은 인생을 성공으로 이끄는 데 필요한 수단이다. 그리고 인생은 창조적이어야 한다. 이것이 내가 시간전략을 창조적인 작업이라고 생각하는 이유다.

2:00

시간은 어떻게 만드는가

시간이 부족한 사람의 행동 유형

1장에서 시간은 모든 사람에게 평등하게 주어지고, 시간의 흐름을 마음대로 조정할 수는 없다고 말했다. 그렇지만 똑같은 시간이 주어지는 데도 시간을 효과적으로 사용하는 사람이 있는가 하면, 늘 시간이 없다며 허둥거리는 사람이 있다. 이런 차이는 왜 생기는가?

시간을 잘 관리하는 사람은 시간을 만들어내는 것이 가능하다. 그러나 시간을 제대로 관리하지 못하는 사람은 그저 시간의 흐름에 몸을 맡긴 채 살고 있다. 그래서 사람마다 느끼는 시간의 양에 차이가 생기는 것이다.

"시간이 없다"가 입버릇인 사람에게는 다음과 같은 행동 유형이 있다.

일의 우선순위를 정하지 못한다

명확한 목표나 목적이 없어서 지금 무엇을 해야 할지 우선순위를 정하지 못한다. 그래서 눈앞에 닥친 일이나 기분이 내키는 일, 하고 싶은 일, 부탁받은 일 등에 자신의 귀중한 시간을 낭비해버린다. 그래서 정작 자신이 해야 할 일은 하지 못한 채 하루가 끝나는 경우가 많다.

계획을 세우지 않고 일한다

'집중하면 이 일은 1시간이면 끝낼 수 있을 거야', '이 건에 관한 회의라면 30분이면 충분해' 등과 같은 시간 계획을 세우지 않고 일을 한다. 그래서 일정은 늘 뒤로 미뤄지고, 예정된 시간에 일을 마치지 못한다. 그 결과 자야 할 시간이나 쉬는 시간을 쪼개 일을 하는 상황에 놓이고 만다.

일정을 빡빡하게 짠다

일정을 너무 빡빡하게 짰을 때 하나가 어긋나면 다음 일정도 줄줄이 영향을 받게 될 뿐만 아니라, 다시 조정하기도 힘들다.

예컨대 약속 장소까지의 이동 시간을 최단 시간으로 계산한 탓에 약속 시간에 늦거나, 회의에서 뜻밖의 안건이 제시될 가능성을 염두에 두지 않아 회의 시간이 길어져 그 다음 일에 지장을 줄 수 있다.

해야 할 일의 목록이 머릿속에 없다

잠깐의 시간만 투자하면 마칠 수 있는 일들, 예를 들면 이메일에 답장을 보내는 것 같은 자잘한 일들을 기록한 목록이 머릿속에 없다. 게다가 전언을 메모하지 않아 중요한 내용을 잊어버려서 몇 번이나 다시 이메일을 보내거나 전화를 하는 사태가 발생하기도 한다.

자투리 시간을 활용하지 못한다

목적지에 15분 빨리 도착했을 때 생긴 자투리 시간을 이용해 일을 처리하는 습관이 없다. 티끌 모아 태산이라는 말도 있지 않은가. 자투리 시간을 모으면 상당한 시간이 된다는 사실을 잊지 말자.

자신을 위한 시간이 없다

'지금은 나 자신을 위한 시간이야'라는 생각이 없다. 소중한 사람과 함께하는 자리에서도 걸려온 전화를 받기 위해 자리를 비우거나 이메일을 확인하는 등 공사의 구분이 없어서 방해꾼이 끼어들 때마다 시간을 빼앗긴다. 자신을 위한 시간을 만끽하지 못하기 때문에 항상 일에 쫓기고 시간을 효율적으로 사용하지 못한다.

도구를 활용하지 않는다

시간 관리에 반드시 필요한 도구, 예를 들면 스마트폰, 휴대전화의 알람 기능, 수첩, 메모지, 포스트잇 등을 능숙하게 활용하지 못한다.

아침에 늦게 일어난다

현대 사회에서 아침은 하루 중 누구에게도 방해받지 않는 유일한 시간이다. 만약 늦잠을 자는 바람에 아침 시간을 활용하지 못하면 결과적으로 하루의 계획이 망가질 수밖에 없다.

시간을 효율적으로 사용하면
더 나은 인생을 살 수 있다

"시간이 없다"가 입버릇인 사람은 더 나은 삶을 위해 시간을 효과적으로 사용할 수 있도록 자신을 변화시켜야 한다. 시간을 효과적으로 사용하지 못한다는 것은 가려던 방향과 정반대의 전철을 타고 있는 것과 마찬가지다. 가장 짧은 시간에 목적지에 도착하려면 올바른 방향의 전철을 타야 한다.

시간을 효과적으로 사용하려면 먼저 목적지인 자신이 원하는 미래의 모습과 목표를 분명히 해야 한다. 그리고 목적지에 도착하려면 필요한 게 무엇인지 분석해서 거기에 집중적으로 시간을 사용해야 한다.

목표나 자신의 미래상은 사람마다 다르기 때문에 구체적으로 해야 할 일도 각각 다르다. 그러나 이른바 목적을 이루기 위해 필요한 것에는 다음의 세 가지 공통점이 있다.

- 건강관리

- 사생활

- 인간관계

나는 아래와 같은 방법으로 이 세 가지를 실천하고 있다.

건강관리

앞에서도 언급했듯이 목표를 이루려면 건강을 관리하는 것이 반드시 필요하다. 그래서 나는 건강을 유지하는 데 필요한 시간을 최우선으로 확보하려고 노력하고, 늘 생활 속에서 건강 유지를 위해 세심한 주의를 기울이고 있다. 나는 50대라는 나이를 생각해서 예방의학과 노화 방지의 관점에서 체내 연령을 젊게 유지하기 위해 다음과 같은 것들을 실천하고 있다.

- 하루 세 끼를 거르지 않는다.

- 음식물에서 섭취하기 어려운 영양소를 건강 보조식품으로 공급한다.

- 인삼 같은 건강식품을 섭취해서 면역력을 높인다.
- 차로 이동할 때가 많기 때문에 운동량이 부족하지 않도록 되도록 계단을 이용한다. 아이들과 자전거를 타고 외출한다.
- 기분 전환과 운동을 겸해서 헬스클럽에 다닌다.

사생활

나는 사적인 시간은 거의 가족과 보낸다. 내게 가족은 삶의 목적이며, 전투기가 착륙해서 잠시 쉬어가는 기항지 같은 존재다. 그래서 가족과 함께하는 시간을 항상 최우선으로 생각한다. 아내와 대화를 자주 하고, 아이들과 함께하는 시간을 만들며, 초등학생인 첫째 아들의 아침 식사와 매주 월요일의 저녁 식사는 내가 만들고 있다. 물론 독신자도 사생활은 중요하다. 일과 상관없는 시간을 즐겁게 보낼 수 있어야 일에 대한 의욕이나 일 자체의 질도 높아진다.

인생에는 사생활을 희생해서라도 열심히 일해야 할 시기가 있다. 그러나 사적인 시간이 적더라도 그 시간을 즐겁게 보내는 것은 무엇보다 중요하다.

우리 집을 포함해서 맞벌이 부부라면 집안일이나 육아에서 역할 분담이 필요하다. 부부 두 사람만의 시간을 갖기 위해 가사 도우미를 쓰거나 가사 부담을 줄여주는 가전제품을 구입하는 등의 방법을 이용해보자.

나는 '일요일은 가족과 함께'라는 원칙을 세웠다. 일요일에는 절대 일을 하지 않는다. 물론 1년에 한두 번은 친구의 출판기념회나 결혼식 등의 행사에 참가할 때도 있지만, 되도록 가족들과 함께 휴일을 보내려고 노력한다. 휴일은 스스로 즐겁게 보내는 날이다.

나는 가족과 함께 지내는 시간을 서비스라고 생각하지 않는다. 내가 원하기 때문에 가족과 함께 보내는 것이다. 서비스라고 생각하면 가족과 함께하는 시간이 의무가 되어 즐거움이 사라진다. 사적인 생활을 즐기는 것과 휴식을 누리는 것은 시간전략에서 빼놓을 수 없는 요소다.

인간관계

아무리 바빠도 인간관계를 위한 시간을 만드는 것도 최우선

항목에 포함된다. 연수나 세미나에 참석하거나 일과 관련된 사람들과 식사를 함께하는 것이 좋다. 나는 월요일 저녁 식사 외에는 회사 직원이나 일과 관련된 사람들과 식사를 하기 위해 노력한다. 이러한 만남을 통해 새로운 비즈니스 기회를 찾기도 하고, 다양한 분야의 전문가와 대화를 나누는 일 자체가 큰 공부가 되기도 한다.

식사뿐만 아니라 감사 편지를 보내거나 전화를 거는 것도 인간관계를 유지하는 좋은 방법이다. 자칫 잊고 넘어가기 쉬운데 만남보다 관계를 유지하려는 노력이 진정한 인간관계를 만든다.

시간을 만드는 방법

시간을 얼마나 효과적으로 잘 활용하는지가 인생의 성공을 좌우한다. 그래서 자신에게 중요한 시간을 의도적으로 만들 필요가 있다. 그렇다면 어떻게 해야 시간을 만들 수 있을까? 그 답은 앞서 언급한 "시간이 없다"가 입버릇인 사람들의 공통점에 있다. 공통점에 주목해서 긍정적인 방향으로 전환하면 시간을 만들어낼 수 있다.

내가 매일 실천하고 있는 시간을 쪼개 쓰는 방법에는 다음과 같은 것이 있다.

아침을 일찍 시작하라

아침에 한 시간 일찍 일어나 나만의 시간을 갖는다. 그날의 일정을 확인하고 하루의 목표를 이루기 위한 행동을 생각해본다. 나아가 장래의 목표를 이루기 위한 과정을 구체적으로 그려보고 머릿속으로 효과적인 방법을 구상한다.

자신만의 시간을 어디에서 갖느냐는 크게 중요하지 않은데, 나는 주로 좋아하는 단골 카페에서 보낸다. 이전에는 그날의 기분에 따라 다른 카페에 가기도 했지만, 지금은 출근길에 있는 분위기 좋은 곳을 정해 매일 가고 있다. 신기하게도 카페에 가면 언제나 내가 앉는 자리가 마치 예약이라도 해놓은 것처럼 비어 있다. 그래서 나는 매일 아침 같은 카페의 같은 자리에 앉아 혼자만의 시간을 보낸다. 이런 행운이 함께하는 것도 내게 이 시간을 소중히 사용하라는 의미라고 긍정적으로 해석하고 있다.

꼼꼼한 계획을 토대로 하루를 시작하면 일도 원활하게 진행된다. 무엇보다 내 인생의 목표를 매일 아침 되새겨보면 목표를 이루겠다는 의지를 높게 유지할 수 있다.

자신에게 투자하라

1장에서 이야기한 것처럼 자신에게 투자할 때는 급할수록 돌아간다는 생각이 중요하다. 자신에 대한 투자는 일시적으로 시간을 잃어버린 것 같아도, 지나고 나면 그 시간을 얼마든지 회복할 수 있기 때문이다.

약속을 꼭 지켜라

약속을 지키려면 언제부터 어떤 행동을 하면 좋을지를 늘 생각하는 습관이 몸에 배어야 한다. 그러나 성격적으로 꼼꼼하지 못한 사람도 있다. 게다가 휴대전화가 보급되면서 '약속에 좀 늦을 것 같으면 연락하면 되지' 하고 편하게 생각하는 경향이 강해지고 있다. 도시에서는 도로 정체나 전철의 지연 등으로 인해 이동 시간을 예측하기 어려울 때도 많다.

하지만 어떤 상황에서도 어떻게 하면 약속을 지킬 수 있을지를 생각하고, 지키지 못했을 때의 반성을 가슴에 새겨 '다음부터는 어떻게 해야 할까'를 예상해보는 것이 좋다. 이것이 습관으로 몸에 밴다면 자연히 약속도 잘 지킬 수 있게 된다.

인간관계를 정리하라는 말이 자칫 냉정하게 들리겠지만, 인간관계는 목표를 이루는 데 좋게 혹은 나쁘게 커다란 역할을 담당한다. 되도록 목표가 뚜렷한 사람과 사귀는 것이 바람직하다. 하지만 이것이 '소꿉친구인 그 녀석은 성격도 좋고 친하게 지내왔지만, 삶의 목표도 없이 대충 살지. 그러니 인연을 끊는 편이 좋겠어' 하고 정리하라는 뜻이 아니다. 그 사람과는 소꿉친구로서 사귀면 된다.

사람은 삶의 변화에 따라 인간관계도 달라진다. 결혼이나 출산을 경험한 여성은 삶의 변화에 따라 인간관계가 현저하게 바뀐다. 학창 시절에 아무리 친했어도 전업주부가 된 친구와 직장생활을 계속하는 친구는 대화가 잘 통하지 않는다. 금전 감각이나 취미, 행동 영역도 다르다. 대부분의 여성들은 이것을 어쩔 수 없는 일로 담담하게 받아들이고 자신의 인생에 맞는 인간관계를 쌓아간다. 이에 반해 남성들은 인생의 변화가 인간관계에 미치는 영향이 적은 탓인지 쉽게 받아들이지 못하는 사람이 많다.

오랫동안 우정을 쌓아왔다고 해서 10년 전과 같은 가치관을 공유할 수는 없다. 당신도 10년 전과는 다른 모습이다. 그렇다면 당연히 친구도 달라져 있지 않을까? 친구는 어떤 일을 계기로 목표를 잃어버렸는지도 모른다. 그렇다면 그 친구와는 좋은 친구로서 사귀고, 자신의 목표에 좋은 영향을 줄 수 있는 인간관계를 새롭게 만들어가면 된다. 이것은 시간을 슬기롭게 쪼개 쓰기 위해 꼭 필요한 일이다.

인맥 분포도를 작성하라

자신의 인맥을 시각적으로 이해할 수 있도록 인맥 분포도를 그려봄으로써 업무 중에 어떤 사람들과 만나는지를 파악해보자. 당신이 만나는 사람이 직접적으로 일에 영향을 미치지 못할 수도 있지만, 도움이 되는 것을 가르쳐주거나 긍정적인 조언을 해주는 사람일지도 모른다. 어쩌면 그 사람의 인맥이 당신의 일에 도움이 될 수도 있다.

어쨌거나 업무와 관련되어 계속 만남을 이어오고 있는 중이라면 자신의 목표를 이루기 위해 적극적으로 사귀고 싶은 사

〔그림 2〕 인맥 분포도

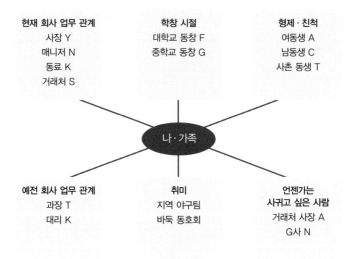

현재 회사 업무 관계		**학창 시절**		**형제 · 친척**
사장 Y		대학교 동창 F		여동생 A
매니저 N		중학교 동창 G		남동생 C
동료 K				사촌 동생 T
거래처 S				

나 · 가족

예전 회사 업무 관계		**취미**		**언젠가는 사귀고 싶은 사람**
과장 T		지역 야구팀		거래처 사장 A
대리 K		바둑 동호회		G사 N

20○○년 ○월~20○○년 ○월

날짜	이름	연락처	상대방이 구체적으로 기대하는 일	당장 할 수 있는 일
○월 ○일	S씨	010……	인맥 소개	· 고객 3명을 소개한다
○월 ○일	K씨	02……	성공적인 업무	· 전문 분야의 책 5권을 선물한다 · 한 달에 1번 스터디에 참석한다

　　　　　　　　인 생 을 변 화 시 키 는 시 간 전 략

람임에는 틀림없다. 그러므로 그 사람들에게 초점을 맞추어 시간을 할애하는 것이 좋다.

또 지금은 친분이 없지만 언젠가는 사귀고 싶은 사람을 인맥 분포도에 포함시키는 것도 중요하다. 그리고 어떻게 하면 그 사람과 연결될 수 있을지를 생각해본다. 그러면 신기하게도 그 사람과 이어지는 길이 열린다. '언젠가 만나보고 싶다'가 아니라 '반드시 만나겠다'는 강한 의지가 중요하다.

모임이나 파티를 활용하라

'초대를 받았으니까'라는 단순한 이유가 아니라, 초대를 받은 시점에서 '목표를 이루는 데 이 기회를 어떻게 활용할까'를 생각해서 모임 참석 여부를 검토한다. 물론 당장 비즈니스로 발전하지 않아도 알고 지내는 것이 나중에 도움이 되는 경우도 있다. 사람들이 많이 모이는 곳에서는 필요한 사람을 자연스럽게 소개받거나 좋은 만남을 가질 수 있는 기회가 많다.

자신에게 좋은 만남이 될 수 있는 사람들의 모임인지를 알려면, 우선 모임 주최자나 초대한 사람이 누구인지를 파악해 '이 사람이 주최한 모임이라면 이런 분야의 사람들이 모일 것'이라는 구체적인 이미지를 그린다. 이 과정을 거쳐 참석 여부를 결정하면 모임이나 파티에 참여해서 그곳에서 어떻게 행동할지를 알 수 있다.

만일 사회경험이 적다면 모임에서 직위가 아니라 자신의 전문성을 내세우도록 하자. "○○주식회사에 근무하고 있습니다"만으로는 존재감을 심어줄 수 없다. "○○주식회사에서 주로 섬유를 취급하는 부서에서 일하고 있습니다" 또는 "무역회사에서 유럽 지역을 담당하고 있습니다"라는 식으로 구체적으로 말해야 상대는 당신과 어떤 이야기를 나누면 좋을지 알게 되고 기억에도 남게 된다.

상사와 좋은 관계를 맺어라

상사는 인생의 선배다. 나보다 경험이 풍부하고 인맥도 넓기 때문에 상사의 경험과 인맥을 인계받는 것도 한정된 시간을 효과적으로 사용하는 최선의 방법이다.

상사의 경험을 듣거나 인맥을 소개받으려면 좋은 관계를 맺는 것이 중요하다. 세상에는 존경하기 힘든 상사도 있지만, 대체로 상사는 나에게 없는 것을 더 많이 가지고 있다. 그러니 겸허한 마음으로 상사의 경험을 듣는 자세가 중요하다.

상사와 좋은 관계를 맺으려면 나부터 상사를 위해 일해야 한다. 예컨대 상사에게 유용한 정보를 주거나 자발적으로 일을 맡는 등 도움이 되는 부하 직원이어야 한다. 하지만 자칫하면 단순한 아첨꾼에 지나지 않을 수도 있으므로, 맡은 일을 깔끔히 처리해서 상사에게 힘이 되는 존재가 되는 것이 중요하다는 사실을 잊지 말자.

목표를 염두에 두고 일정을 세워라

일을 잘하려면 어떻게 해야 할까?

· 목표에서부터 거꾸로 생각해 일정을 세운다.
· 주체적으로 일한다.

이 두 가지가 최선이다. 먼저 주어진 일을 끝내기 위해 해야 할 일의 목록을 만들고, 일을 처리하는 데 걸리는 시간을 산출한다. 그리고 목표(약속 또는 마감)에서부터 거꾸로 생각해서 일정을 세우고 일을 시작한다.

일정을 세울 때는 다소 여유를 두도록 하자. 갑자기 몸이 아플 수도 있고, 일과 관련된 상대방의 사정으로 예정대로 진행되지 않을 수도 있다. 이러한 사태를 예상해서 미리 여유를 두고 일정을 세우는 것도 시간전략의 기본이다.

생각하는 시간을 늘려라

목표를 이루려면 무엇이 필요할지를 늘 생각하는 사람과 그렇지 않은 사람은 1년 후의 성장이 전혀 다르다. 물론 생각하는 사람이 훨씬 성장한다. 하지만 생각하는 과정을 가볍게 생각하는 사람이 의외로 너무 많아서 깜짝 놀라게 된다.

주어진 일만 열심히 하면 된다고 생각해 '목표 따위는 필요 없어. 지금 이 상태로 충분해'라고 여길지도 모른다. 어쩌면 지금 주어진 일을 열심히 하고 싶다는 목표를 가진 사람도 있을 것이다. 하지만 아무 생각 없이 그저 묵묵히 나아간다면 그것은 일이라고 할 수 없다. 단순히 작업일 뿐이다. 일이란 창조적인 것이다.

'어떻게 하면 일의 효율을 더 올릴 수 있을까?' 또는 '정확도를 높이려면 무엇이 필요할까?' 같은 생각들이 실제로 일에 걸리는 시간을 줄여준다. 다시 말해 시간을 쪼개 쓰는 방법을 발견할 수 있다.

먼저 주변을 정리하라

사람의 사고는 방이나 책상 주변, 물건의 정리, 수첩의 기록 방법 등에 나타난다. 방과 책상이 지저분한 사람, 자기 물건을 함부로 굴리는 사람, 수첩에 두서없이 기록하는 사람은 대개 생각도 정리되어 있지 않다.

"다른 사람 눈에는 무질서하게 보일지 몰라도 내 나름대로는 정리되어 있다"라고 말하는 사람도 있다. 그러나 자신은 논리적으로 말한다고 생각하지만, 상대방 입장에서는 무슨 말인지 도통 알아듣기 힘든 경우가 많다. 생각이 정리되어 있지 않기 때문이다.

머릿속을 정리하려면 주변을 정리하는 것이 효과적이다. 책상을 정리할 때에는 책상 위에 올려놓을 것과 그렇지 않은 것을 먼저 구분해야 한다. 수납 장소를 생각할 때는 사용 빈도를 고려해서 꺼내 쓰기 편한 장소를 선택한다. 이와 동시에 작업동선을 고려해서 가장 효율적인 곳에 업무할 때 필요한 도구를 배치한다. 생각을 정리하는 것과 같은 과정이다.

수첩에 기록하는 방법도 마찬가지다. 한눈에 알 수 있도록 기록하는 것은 물론, 시간에 따라 일목요연하게 기록하는 것도 시간전략에서 빼놓을 수 없다.

자투리 시간을 효과적으로 활용하라

하루 24시간 가운데 자투리 시간은 생각보다 많다. 출퇴근할 때나 출장을 갈 때 전철이나 차 안에서 보내는 시간, 회의가 일찍 끝나 다음 회의까지 생긴 15분 정도의 여유는 모두 자투리 시간이다.

자투리 시간을 효과적으로 활용하려면 다음과 같은 두 가지 준비가 필요하다.

- 예상되는 자투리 시간에 할 일을 항상 생각한다.
- 예상하지 못한 자투리 시간에 해야 할 일의 목록을 준비해둔다.

출퇴근할 때 전철을 타고 이동하는 시간은 예상할 수 있으므로 무엇을 할지 계획할 수 있다. 나는 자가용으로 출근할 때는 세미나 CD를 듣는데, 이동 시간이 30분이라면 '이 CD를 절반 정도 들을 수 있다'라고 예상하고, '이틀이면 다 들을 수 있다'는 식으로 계획을 세운다.

고속철도를 타고 출장을 갈 때도 마찬가지다. 앉아서 이동할 수 있기 때문에 이 시간에는 수첩을 펼쳐 출장지에서의 행동을 구체적으로 그려본 다음에 독서를 하거나 낮잠을 잔다. 사람은 자는 동안 뇌에서 사고를 정리하므로 생각한 후에 잠을 자는 것은 매우 효과적이다. 나는 고속철도를 탈 때뿐만 아니라 평상시에 일을 할 때도 틈틈이 낮잠을 잔다. 15분 정도 잠깐 눈을 붙이는 것만으로도 머리가 맑아져 일의 능률이 놀라울 정도로 오른다.

예상하지 못한 자투리 시간에 해야 할 일 목록에는 ○○씨에게 전화나 이메일 보내기, 청구서 쓰기처럼 몇 분이면 처리할 수 있는 일들을 써둔다. 음식점 예약이나 은행일 처리 등도 몇 분 안에 끝낼 수 있기 때문에 되도록 자투리 시간에 하는 것이 좋다. 이렇게 하면 해야 할 일 목록에 빽빽하게 적힌 것들이 순식간에 사라진다.

<표 1> 자투리 시간의 활용

	5분	15분	30분
예상되는 자투리 시간에 할 일	· 목표 확인	· 15분 수면	· 출퇴근 시 차 안에서 세미나 CD를 듣는다 · 보고서 작성 · 독서
예상하지 못한 자투리 시간에 할 일	· 거래처에 전화로 약속을 한다 · 음식점 예약 · 청구서 작성	· 이메일 보내기 · 은행일 보기 · 쇼핑	· 기획서 작성

　유능한 비서를 고용하지 않는 한 우리의 일상은 자질구레한 일들로 넘쳐난다. 다행히 지금의 나에게는 이런 일들을 처리해주는 비서가 있지만, 비서가 없었을 때는 전부 혼자서 해야 했다. 그래서 자질구레한 일들을 얼마나 요령 있게 처리하는지가 시간 관리와 커다란 관련이 있다는 것을 깨달았다.

　자투리 시간은 그저 멍하니 있으면 눈 깜박할 사이에 지나가 버리고 만다. 그러나 10분의 자투리 시간이 하루에 세 번이면 30분이나 된다. 이렇게 생각하면 멍하니 있는 게 얼마나 시간을 낭비하는 것인가?

점심시간에 회의를 하라

사람은 누구나 밥을 먹는다. 그렇다면 식사 시간을 더욱 효과적으로 사용할 방법은 없을까? 나는 회사 직원이나 업무와 관련된 사람들과 점심시간에 회의를 하는 습관이 있다. 비용상 외부 사람들과 점심을 같이하기가 어려울 때도 있지만, 회사 직원들이라면 그런 걱정이 없다.

"점심이라도 먹으면서 이야기할까?"라고 가볍게 말을 건네 상대방이 도시락을 싸왔다면 나도 도시락을 사서 함께 먹으며 이야기를 나눈다. 먹을 때는 잡담을 하고, 식사가 끝난 뒤에 커피를 마시면서 본론에 들어가도 회의는 대부분 무리없이 끝낼 수 있다.

깊이 있는 이야기를 나눌 때도 "점심을 먹으면서 이야기를 나누지. 나머지는 회의실에서 하는 것이 좋겠네"라는 식으로 움직이면 된다. 갑자기 회의를 시작하는 것보다 점심을 함께 하면 부드러운 분위기에서 본론에 들어갈 수 있고, 바빠서 식사를 거르는 것도 피할 수 있다. 시간 관리에서는 건강도 중요한 요소기 때문에 하루 세 끼를 잘 챙겨 먹어야 한다. 따라서 점심시간에 회의를 하면 일석이조의 효과가 있다.

3:00

목표는 어떻게 세우는가

목표란 무엇인가

시간전략을 성공시키려면 뚜렷한 목표를 세우는 것이 반드시 필요하다. 목표를 세우는 방법을 이해하려면 우선 목표에 대한 정의를 올바르게 이해해야 한다. 여기서는 목표가 무엇인지에 대해 생각해보자.

목표란 삶에서 가장 이루고 싶은 것이다. 지구상의 동물 중 유일하게 인간만이 자신의 의지로 목표를 선택하고 세울 수 있다. 동물에게도 종족 보존이라는 목표가 있지만, 이것은 생물로서의 본능이지 의지적으로 선택한 것은 아니다. 암사자가 '나는 자손 따위는 필요 없어'라고 생각하는 일은 없다. 암사자는 그저 본능에 따라 수사자와 교미를 하고 자손을 남긴다. 만약 수사자가 자손을 남기지 못했다면 그것은 스스로 선택한 것이 아니라 경쟁에서 진 결과다.

그러나 인간은 종족 보존이라는 본능뿐만 아니라, 어떤 인생을 살 것인지를 생각하고 어떻게 하면 목표를 이룰 수 있을지를 스스로 선택할 수 있다. 회사를 세워 경영자로서 성공하기를 원하는 사람도 있고, 현재 다니는 회사에서 출세해 임원이 되고 싶은 사람도 있다. 또 특별한 기술을 익혀 후세에 전하고 싶은 사람도 있을지 모른다.

나는 어릴 때부터 콤플렉스 덩어리였다. 아버지가 광산 경영에 실패한 뒤에 어머니와 이혼했기 때문에 새어머니 밑에서 자랐다. 집에는 늘 빚쟁이들이 들락거렸고, 초등학생 때부터 신문 배달을 하면서 집안 살림을 도와야 했다. 그래서 '부자가 되고 싶다, 성공하고 싶다'는 욕구가 남들보다 훨씬 강했다. 어떻게 해야 성공할 수 있을지를 끊임없이 고민한 끝에 내가 내린 결론은 '목표를 명확하게 세운 삶을 살아야 한다'는 것이었다.

너무 당연한 이야기라고 말하는 사람도 있을 것이다. 그렇다, 당연한 이야기다. 하지만 너무 당연해서인지 이를 놓치고 사는 사람들이 많다. 그러면 목표를 이루지 못하는 길로 이어질 수밖에 없다.

사람마다 인생의 목표가 다르다. 그래서 걸어가는 길도 각자 다르다. 원하는 목표에 따라 나아가는 길이 다르고, 걸어가는 속도도 다르다. 그래서 사람은 독특한 생물이 아닌가?

시간 관리를 할 때 목표를 세우는 것이 왜 필요할까? 답은 목표에 생각을 집중하기 위해서다. 집중할수록 목표를 이루는 데 필요한 해야 할 일들이 눈에 들어오고, 구체적일수록 망설이지 않고 행동할 수 있다. 그래서 효과적으로 최대한 빨리 목표에 도달할 수 있다.

낯선 장소를 혼자 찾아가게 되었다고 생각해보자. 목적지가 제대로 표시된 지도를 갖고 있다면 다소 길을 헤매더라도 비교적 빨리 목적지에 도착할 수 있다. 만약 지도가 없더라도 목적지를 정확히 알고 있다면 다른 사람들에게 물어볼 수도 있고, 운이 좋다면 지름길을 가르쳐주는 사람을 만날 수도 있다. 어쩌면 '근처까지 가니 함께 타고 가자'면서 차에 태워주는 사람이 있을지도 모른다. 누군가 목적지가 표시된 지도를 줄지

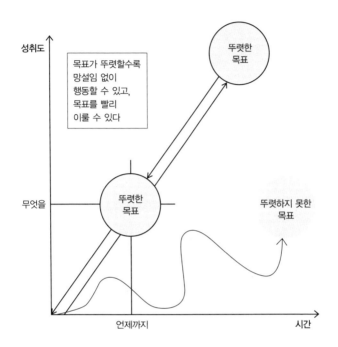

〔그림 3〕 뚜렷한 목표 설정의 의미

성취도

목표가 뚜렷할수록
망설임 없이
행동할 수 있고,
목표를 빨리
이룰 수 있다

뚜렷한
목표

뚜렷한
목표

뚜렷하지 못한
목표

무엇을

언제까지

시간

도 모른다.

하지만 목적지의 정확한 이름도 모르고 지도도 없다면 아무리 걸어도 목적지에 도착하지 못할 것이다. 왜냐하면 목적지 자체가 분명하지 않기 때문이다. 이와 마찬가지로 인생의 목표가 확실하다면 비교적 빨리 자신이 원하는 목표에 도달할 수 있다.

· 먼저 목적지를 분명하게 인식하라.
· 목적지에 도착할 수 있는 지도를 구할 수 있는 방법을 생각하라.

이 두 가지는 시간전략에서 매우 중요하다.

"목표는 확실하다. 그런데 성취감을 느낄 수 없다"라고 말하는 사람도 있다. 앞서 말한 것과 모순되지만 나는 인생에서 필요하지 않은 경험은 없다고 생각한다.

목표를 이룬 사람, 이루는 도중에 있는 사람이라도 다소 먼 길을 돌아가거나 자신이 가는 길이 과연 옳은지 흔들리기도 한다. 이것은 누구나 경험한다. 그러나 흔들리는 과정을 겪으면서도 앞날에 도움이 되는 경험을 하거나 좋은 사람과 알게 되는 때가 많다.

나는 젊었을 때 회사를 경영하다가 실패한 적이 있다. '경영자로서 성공하겠다'는 목표를 이루고 싶었는데 실패해서 오히려 빚까지 지고 말았다. 어쩔 수 없이 월급도 없이 영업 수수료만 받으며 밤낮없이 열심히 일한 결과 최고의 영업사원이 되었다. 그리고 인재교육 컨설팅 회사를 세워 독립했다. 이런 경험이 있었기 때문에 지금의 내가 있는 것이다.

지금 '성취감을 느낄 수 없다'는 생각이 든다면 그것은 아마도 당신이 흔들리고 있기 때문일지 모른다. '이 흔들림이 장래에 꼭 도움이 될 것이다'라고 생각을 전환하고, 초조한 마음을 버리고 목표에 집중하며 전진하라. 그러면 흔들리는 가운데에도 목표에 다가가고 있다는 것을 느낄 때가 있을 것이다.

목표를 이루겠다는 강한 의지를 가져라

목표는 명확한데 의욕이 끓어오르지 않는 사람과 의욕이 넘쳐 목표를 이루는 사람과의 차이는 무엇일까? 그것은 바로 집중력의 차이다.

목표를 이루는 사람은 목표에 집중하는 힘이 강하다. 또 목표를 달성하기 위해 지금 이 순간에 가능한 능력을 최대한 발휘하고 싶다는 의지가 강하다. 그들은 현재에 만족하지 않는다. 하나의 목표를 이루면 바로 다음 목표로 향한다.

예컨대 중고이기는 하지만 오랫동안 원하던 내 차를 갖게 되었다면, 다음에는 바로 '새 차를 갖고 말거야'라는 목표를 세운다. 새 차를 갖게 되면 '다음은 한 단계 위의 고급 차로 바꿔야지' 하고 다시 새로운 목표를 세운다. 이처럼 더 나은 것을 추구하려는 욕구가 인생의 목표를 이루는 데 매우 중요하다.

내 차를 사는 목표를 갖고 있더라도 처음부터 고급 차를 손에 넣기는 힘들다. 조금씩 단계를 올라가면서 차를 유지할 수 있는 경제적 능력을 갖추게 된다. 하지만 욕구가 약한 사람은 내 차를 갖게 되었다는 사실에 만족해버린다. 언젠가 중고가 아닌 새 차를 사겠다는 생각을 가졌더라도 일단 자기 차를 갖게 된 것에 만족한다. 이렇게 만족하고 있는 동안 목표를 이루는 데 집중하는 힘이 약해지고 만다.

그러면 차 유지비에 쫓기게 되면서 새 차를 사겠다는 목표에 대한 집중력은 더욱 약해지고, 어느덧 목표는 차 유지비를 해결하는 것으로 바뀌어버린다. 사람은 자연스레 눈앞의 일에 집중하기 때문이다.

유지비에 쫓기다 어느 날 새 차를 사겠다는 목표에서 멀어졌다는 사실을 깨달으면 '그렇다면 일단 이 차를 팔고, 새 차를 살 수 있는 적절한 시기를 기다려보자'라고 결단을 내릴 수도 있다. 본래 목표에서 벗어났다는 사실을 자각하고 어떻게 하면 궤도를 수정할 수 있을지를 생각해 다시 목표에 집중하는 것이다.

목표를 이루려는 의지는 더욱 높은 목표를 세움으로써 발휘
된다. 따라서 현재에 안주하면 목표 달성과 멀어진다는 사실
을 잊지 말도록 하자.

실현 가능한 목표를 세워라

목표를 세웠지만 좀처럼 길이 열리지 않는다고 고민하는 사람에게 "어떤 목표를 세웠습니까?" 하고 물어보았다가 너무 비현실적이어서 깜짝 놀란 적이 많다. 조금 냉정하게 말하면 "지금의 당신은 그 목표를 이룰 수 없습니다"라고 말할 수 있을 정도로 목표가 현실감이 없다.

능력에 따라 할 수 있다, 없다라고 판단할 문제라기보다는 완전히 가능성이 없지는 않지만 목표가 너무 멀리 있다는 사실을 깨닫지 못하는 경우가 많다. 마치 한 번도 만난 적이 없는 아이돌 스타와의 결혼을 꿈꾸는 것과 마찬가지다. 진심으로 아이돌 스타와 결혼하겠다는 목표를 세웠다면, 우선 '어떻게 하면 만날 수 있을까?'를 생각해야 한다. 그리고 만남을 목표로 행동을 시작해 교제를 하고, 마침내 결혼을 하는 먼 길을 가야만 한다. 비록 아이돌 스타를 만났다고 해도 자신을 좋아할지는 상대방의 마음에 달려 있다. 사람의 마음은 아무리 노력해도 내 의도대로 움직여주지 않는다. 그렇게 생각하면 이 목표는 비현실적이다. 비현실적인 목표를 세우면 노력하는 과정에서 사람의 감정처럼 불확실한 요소가 많이 포함된다.

'인터넷으로 상품을 판매해서 입소문으로 인기를 얻어 매출을 늘린다'는 경우, 입소문으로 인기를 얻는 방법을 생각하고 입소문을 내기 위해 필요한 일을 해야 한다. 입소문도 사람의 감정에 따라 좌우되기 때문에 판매전략에 다양한 기법이 필요하다. 이 과정이 누락되면 그 사람의 목표는 현실성이 없어지고 만다.

당신이 세운 목표를 납득하는 사람이 적다면 다음의 두 가지를 먼저 생각해야 한다.

· 당신이 실현할 수 있는 목표인가?
· 목표 어딘가에 비현실적이라는 이름의 빈틈은 없는가?

목표에 집중할 수 있는 환경을 만들어라

목표를 세우는 동시에 해야 할 일은 목표에 집중할 수 있는 환경을 만드는 것이다. 능력을 최대한 발휘하려면 집중력이 흐트러지지 않아야 한다.

휴대전화를 예로 들어보자. 휴대전화는 언제나, 어느 곳에나 항상 갖고 다니지만 때로는 방해꾼 노릇을 톡톡히 한다. 만약에 어떤 일 또는 생각에 집중하고 있을 때 전화벨이 울리거나 문자가 오면 바로 매너 모드로 바꾸고 자신의 생각에 집중하는 습관을 들여라.

벨소리가 나도 생각에 집중할 수 있는 사람이더라도 전화 내용에 따라서는 생각이 끊길 수 있다. 또 집중을 방해하는 업무는 다른 사람에게 맡기는 것도 필요하다. 다른 사람에게 일을 맡길 수 없다는 사람도 많지만, 왜 맡길 수 없는지를 깊게 생각해본 다음에 어떻게 하면 맡길 수 있을지 방법을 찾아보는 것도 중요하다. 맡길 수 있을 정도로 믿음직한 사람이 없다면 유능한 사람을 찾거나 현재 회사에 있는 인력을 키워야 한다.

경영자인 내 입장에서 우선순위가 가장 높은 일은 의사 결정이다. 의사 결정에 집중하기 위해서는 자질구레한 일들을 부하 직원이나 비서에게 맡겨야만 회사에 꼭 필요한 판단을 신속하게 내릴 수 있다. 내가 우물쭈물하면 직원들의 일이 중단되고 나아가 회사 운영도 차질을 빚는다. 다시 말해 신속하게 의사 결정을 하지 못하면 경영자로서의 목표를 이룰 수 없다.

이렇게 생각하면 집중, 나아가 집중할 수 있는 환경을 만드는 것의 중요성을 깨달을 수 있지 않을까?

목표 설정 방법을 다시 검토하라

"목표를 세우고 5년이나 노력했는데도 좀처럼 이루기가 힘들다"라고 투덜거리는 사람이 있다. 목표를 달성하는 것에 관해 고민해온 나는 이런 말을 들을 때마다 그 이유가 무엇일까를 분석해보았다. 그 결과 목표를 이루지 못하는 가장 커다란 이유는 목표를 세우는 방법 자체가 틀렸기 때문이라는 사실을 깨달았다.

목표를 이루기 힘들어 고민하는 사람들의 목표가 전부 비현실적이지는 않다. 다만 설정 방법에 문제가 있어서 목적지에 도달하기까지 길을 잘못 들었거나 필요 이상으로 먼 길을 돌아간 것이다.

그렇다면 어떤 식으로 목표를 세워야 할까? 내가 생각한 올바른 목표 설정 방법은 다음과 같다.

〔단계 1〕 목표는 욕구에서 생겨난다

목표란 바꿔 말하면 욕구라고 할 수 있다. 욕구는 자신을 행복하게 만드는 것을 하고 싶거나 또는 갖고 싶은 마음이다. 즉 목표란 자신이 행복하게 느낄 것이라는 상상 또는 이미지다. 도쿄대 합격이 목표인 사람은 도쿄대에 합격한다면 '굉장히 행복할 것이다'라고 상상한다.

〔단계 2〕 자신이 원하는 목표를 세운다

어릴 적부터 부모에게 "의사가 되어라"는 말을 들으면서 자랐기 때문에 의대 입학을 목표로 세운 사람이 있다고 가정해보자. 이 목표는 과연 자신이 진심으로 원하는 것일까? 어릴 때부터 듣고 자란 부모님 말씀에 지나지 않는다면 진정한 자신의 목표라고 할 수 없다.

그러나 부모의 희망이기도 하지만, 자신의 의지로 의사가 되고 싶다는 생각을 했다면 본인의 목표라고 해도 좋다. 이렇듯 사람은 자주 주변 사람의 영향을 받아 목표를 세우는 경우가 있다.

타인의 영향이라는 것을 깨닫지 못한 채 자신의 목표로 착각하는 경우도 있다. 이런 때에는 설령 목표를 이루었어도 행복을 맛보지 못하고, 자신이 진심으로 원하는 일이 아니었음을 나중에서야 깨닫기도 한다. 그래서 목표를 이루기 위해, 이룬후에 행복을 느끼기 위해서라도 목표는 자신이 진정 원하는 것을 세우는 게 중요하다.

〔단계 3〕 목표는 자신의 의지로 정한다

목표는 어디까지나 자신의 의지로 정하는 것이다. 그러나 상사의 조언이나 자신에게 기대하는 매출을 듣고 스스로 매출목표를 10억 원이라고 정했다면 문제는 없다. 자신의 의지인가, 타인의 희망인가? 바로 이 차이가 목표를 이루려는 의지에 큰 영향을 미친다.

〔단계 4〕 영역을 나누어 목표를 세운다

인생의 목표란 스스로 이루기를 원하는 실현 가능한 것이므로 인생 전반에 걸쳐 균형 있게 생각해야 한다. 자세한 것은 나중에 이야기하겠지만, 나이에 따라 중장기적인 관점에서 삶의 각 단계를 의식하면서 다음의 5개의 영역에서 목표를 세워보는 것이 좋다.

건강

사람은 몸이 재산이다. 나이에 상관없이 건강관리에 신경을 쓰지 않으면 어떤 목표도 이룰 수 없다. 예컨대 건강관리를 위해 일주일에 3번 운동을 하러 다니거나, 유기농 식품을 중심으로 식사를 하거나, 1년에 1번은 체중 관리, 신체 균형, 정신건강 관리, 식생활 등을 점검한다.

각자 건강을 지키기 위해 필요한 행동은 무엇인지 매일의 생활습관을 고려해서 목표를 정해보자.

인간관계

목표를 이루는 데 도움이 되는 사람은 누구인가? 업종이 다른 사람들의 모임에 참석해서 인맥을 넓히거나, 변호사나 회계사 같은 전문가들과 교류하는가? 아이의 학교행사는 전부 참석하고, 여름휴가 때에는 가족여행을 하거나, 연인 또는 배우자의 기념일에는 함께 식사를 하고 선물을 주는 등 주변에 있는 소중한 사람과의 관계를 중요하게 여기는가? 공통의 목표를 지닌 동료가 필요한가? 이러한 점들을 고려해 인간관계에서의 목표를 세워보자.

능력

여기서 말하는 능력은 일에 관한 전문성이나 수행 능력을 의미한다. 목표를 이루는 데 필요한 능력을 어떻게 갖출 것인가를 생각하고 구체적인 방법을 세워보자. 예컨대 1년 동안 자기 전문 분야의 책을 50권 이상 읽는다거나, 정기적으로 세미나나 강연에 참석하고, 자격증을 취득하는 등의 구체적인 행동이 필요하다.

자유

자유는 아무에게도 방해받지 않는 자신만의 시간일 뿐만 아니라, 경제적인 자유까지 의미한다. 매달 월급의 20퍼센트를 저축한다거나, 아이의 교육자금을 모으는 것 같은 행동을 통해 물리적·심리적인 자유를 어떻게 손에 넣고 또 어떻게 활용할지를 설계해보자.

즐거움

인생의 즐거움이 무엇인지를 구체적으로 생각해보자. 즐거운 일을 하지 못하고 계속 희생만 하다 보면 좌절감이 쌓이기 쉽다. 콘서트나 뮤지컬을 보러 가는 것도 좋고, 여행을 계획하거나 혼자 여유롭게 책을 읽는 시간을 갖는 것도 좋다. 자신에게 필요한 즐거움을 목표에 꼭 포함시키자.

〔단계 5〕 목표에 기한을 정한다

단계 4에서 설정한 5개 영역의 목표에 대해 무엇을, 언제까지 할지 기한을 정한다. 예를 들어

건강 : 1년에 1번 건강검진을 받는다. 운동 부족을 해소하기 위해 출퇴근할 때 자전거를 이용한다. 수면 시간을 6시간

이상 확보한다.

인간관계 : 5년 후에 시작하려는 사업과 관련된 업계의 친구
나 지인을 만든다. 이를 위해 한 달에 1번 모임에 참석한
다. 1년 이내에 열 명의 친구 또는 지인을 만든다.

능력 : 전문성을 높이기 위해 2년 이내에 자격증을 취득한다.
이를 위해 학원 수강을 시작한다.

자유 : 하루에 2시간을 자유시간으로 누릴 수 있도록 일정을
조정한다. 장래에 대비해 월 50만 원씩 저금을 한다.

즐거움 : 1년에 1번 해외여행을 간다. 주말에는 문화강좌를
듣는다.

이러한 목표를 설정했다면 나아가 더욱 구체적인 계획을 세
워본다. 건강검진은 어느 병원에서, 몇 월에 받을까, 어떤 세
미나를 들을까, 해외여행은 몇 월에, 어느 나라에서, 얼마나
머무를까 등등 이런 식으로 결정해간다.

그러면 지금 해야 할 일들이 조금씩 눈에 들어오기 시작한
다. 여기까지 정했다면 기한을 엄격하게 지키자고 스스로에게

다짐하자. 지금 해야 할 일에 집중하면 누구나 자연스레 시간 관리를 할 수 있다.

목표를 세우지 못하는 4가지 이유

"지금까지 목표를 잘 세워왔다고 생각한다. 그런데 목표를 이루지 못하고 중도에 포기하고 말았다"라고 말하는 사람들이 많다.

자격증을 따겠다는 목표를 갖고 열심히 공부했는데 시험을 보기 전에 그만두거나, 도중에 이 목표가 정말 옳은 것인지 흔들리기도 한다. 어째서 이런 일이 일어나는 것일까? 여기에는 네 가지 이유가 있다.

경험이 부족하다

목표를 이루기 위해 무엇을 해야 할지, 시간이 얼마나 걸릴지를 잘 알지 못한다. 자신에 대한 이해가 부족해서 정말로 하고 싶은 일이 무엇인지, 자신이 현재 어느 정도의 수준인지를 모른다. 그러면 주변의 의견이나 미디어가 쏟아내는 정보에 휩쓸려 막연하게 목표를 정하기가 쉽다.

자신에게 주어진 역할을 제대로 알지 못한다

지금 자신에게 주어진 역할이 무엇인지를 제대로 알지 못한다. 가족 내에서는 남편 또는 아내로서, 아버지 또는 어머니로서의 역할이 있다. 직장에서는 사회인으로서의 역할이 있을 것이고, 더 세분화해보면 상사 또는 부하 직원으로서의 역할이 있을 것이다. 경영자 또는 임원, 사원으로서의 역할도 있다. 부모에 대해서는 자식으로서의 역할이 있고, 자신이 살고 있는 지역에서의 역할도 있다. 이러한 모든 역할을 제대로 이해하지 못하면 적절한 목표를 세우지 못한다.

생각이 부정적이다

실업이나 실연 같은 안 좋은 사건으로 인해 기분이 우울할 때, 즉 생각이 부정적일 때는 목표를 세우기가 어렵다. 지금 자신이 부정적인 상태라고 느낀다면 무리하게 목표를 세우지 말고 먼저 긍정적인 기분을 되찾는 데 집중하자.

실패를 두려워한다

목표를 세우기도 전에 목표를 이루지 못하거나 또는 이루지 못했다는 사실에 상처받을까 두려워한다. 그래서 '내가 할 수 있는 일이 무엇인가'가 아니라, '절대로 실패하지 않는다면 정말로 하고 싶은 일이 무엇인가'라는 질문을 스스로에게 했을 때 나오는 대답이 자신이 진정으로 원하는 목표라는 사실을 깨닫지 못하고 있다.

목표 설정을 돕는 4단계

목표를 정할 수 없다는 고민을 안고 있다면 다음의 네 가지 단계를 실천해보자. 각 단계를 거치면서 깊이 생각해보면 스스로 자신이 원하는 목표를 찾을 수 있을 것이다. 이렇게 찾아낸 목표를 앞서 이야기한 목표 설정 방법에 따라 구체적으로 실천하면 지금 해야 할 일이 분명해진다.

〔단계 1〕 자신의 인생을 정리하라

재정 상태, 인맥, 지식, 기술, 경력, 이 다섯 가지 항목별로 지금까지 자신의 삶을 정리한다. 각 항목이 균형을 이루고 있는지를 객관적으로 살펴봄으로써 지금 필요한 일과 해야 할 일을 알 수 있다.

단계 1에서 정리한 결과를 토대로 자신의 현재 위치를 파악한다. 목표에 이르기까지 앞으로 얼마나 남았는지 되도록 구체적으로 생각한다.

단계 1에서 알게 된 자신이 처한 현재 상황과 단계 2에서 파악한 자신의 현재 위치를 토대로 '어떻게 되고 싶은가(＝목표)'를 구체적으로 정한다. 예를 들어 영업사원인 당신의 현재 월 매출은 3,000만 원인데 평가 기준을 만족하지 못하고 있다면, 그 이유를 단계 1과 2를 통해 이해할 수 있다. 이 정보를 토대로 단계 3에서는 '월 매출을 현재의 두 배인 6,000만 원으로 늘린다'라는 구체적인 목표를 세울 수 있다.

'월 매출 6,000만 원'을 달성하려면 구체적으로 무엇을, 어떻게 해야 할지를 계획한다. 단계 1에서 정리하고 분석한 정보

<표 2> 인생 정리

	재정 상태	인맥	지식	기술	경력
언제든지 사용할 수 있는 것	·은행 정기적금 ·내 집	·업무상의 거래처 ·고객	·자사 상품에 대한 지식	·상업부기 2급	·영업 기획력
조금만 더 노력하면 되는 것	·친구 회사에 투자	·학창 시절 친구	·IT 지식	·요리 ·비즈니스 영어	·인력 관리
현재 상태로는 사용할 수 없는 것	·주식	·멀리 사는 친척	·회계 지식	·합기도 2단	·회계 사무
앞으로 필요한 것	·자녀 교육비 ·노후 자금	·동종 업계 CEO와의 교류	·금융 리스크에 대한 지식	·토익 900점 이상	·관리 능력

를 토대로 자신에게 부족한 점을 보완할 계획을 세운다. 나아가 매출을 늘리기 위해 필요한 일을 목록으로 만들고 우선순위를 정한 다음 하나씩 착실하게 실천하는 일정을 계획한다.

사람은 성과를 추구하기보다는 감정적으로 하고 싶은 일을 우선시하는 경향이 있다. 이에 휩쓸리지 않으려면 아침 일찍 일어나 하루를 계획하는 시간을 갖자. 이것은 쉬운 일이 아니지만 그렇기 때문에 더더욱 습관으로 만들 필요가 있다. 다른 사람이나 일에 방해받지 않으려면 아침 시간이 제일 좋다.

성공을 위한 유일한 길은 목표를 향해 열심히 움직이는 것이다. 그저 생각 속에 머무르는 것이 아니라 행동하는 것이 계획이다. 행동은 반드시 결과를 낳는다. 영업 매니저로 일하던 당시에 나는 성공 계획을 부하 직원들이 실천하도록 했다. 하지만 이것만으로는 성공하기 어렵다. 부하 직원들이 자신의 목표로 삼고 집중하도록 해야 한다. 10년의 장기 계획을 세워도 실천하는 것은 하루하루에 달려 있다. 그래서 하루의 질을 높이는 것이 시간전략에서 매우 중요하다.

4:00

인생을 시간전략으로 설계하라

인생은 <u>스스로</u> 설계할 수 있다 | 인생 5단계 이론 | 현재 자신이 속한 단계에서 연간 계획을 세워라 | 월간 계획, 주간 계획, 일일 계획을 세워라 | 하루 두 번, 아침과 저녁에 계획을 확인하라 | 목표를 달성하지 못한 이유는 무엇인가 | 좌절했을 때 마음을 다스리는 법을 배워라 | 기회를 부르는 좋은 리듬을 만들어라 | 할 일을 뒤로 미루는 버릇을 고쳐라 | 20퍼센트의 여유를 가져라 | 의욕을 잃었을 때는 바로 휴식을 취하라 | 성과에서부터 거꾸로 생각하라 | 전체를 볼 수 있는 시야를 가져라 | 해야 할 일의 요점을 벗어나지마라 | 다른 사람의 도움을 받아라 | 뭔가 이상하다고 느꼈다면 과정을 거슬러 올라가라

인생은 스스로 설계할 수 있다

시간전략의 필요성과 시간 관리의 방법을 이해했다면, 이제는 구체적으로 자신의 인생을 설계하는 단계에 대해 살펴보자.

나는 세미나나 강연 등에서 인생 5단계 이론을 말해왔다. 이 이론은 인생을 5단계로 나누고, 해당 연령대별로 해야 할 일을 분명히 계획하는 것이다. 인생 5단계 이론에 맞춰 생각하면 현재 자신의 위치가 분명해지면서 앞으로 해야 할 일이 더욱 구체적으로 보인다. 우선 인생 5단계 이론을 토대로 자신의 삶을 중장기적으로 설계하고, 그것을 토대로 올해의 연간 계획을 세워본다. 이어서 월간 계획, 주간 계획, 일일 계획을 차근차근 세워나간다. 이렇게 자신의 인생을 스스로 설계하면 지금 이 순간 자신이 원하는 목표를 정해진 기간 내에 이룰 수 있다.

'살면서 무슨 일이 생길 줄 어떻게 알아? 이런 계획 세워봤자 아무 도움도 안 될걸' 하고 생각하는 사람도 있을지 모른다. 물론 예기치 못한 사건으로 궤도 수정을 해야 할 때도 있다. 그러나 계획이 확실하면 '앞으로 어떻게 해야 할까?'를 예상해서 적절하게 궤도를 수정할 수 있다. 예기치 못한 사건이 생기면 사람들은 충격으로 인해 생각이 멈춰버리기도 한다. 이것은 어쩔 수 없는 일이다. 그러나 다시 시작하는 것은 빠를수록 좋다.

인생 계획이 확실하면 기분을 긍정적으로 바꾸기도 쉽다. 어디서, 어떻게 막혀버렸는지를 객관적으로 볼 수 있기 때문이다. 길을 잃어버려도 자신이 어디에 있는지를 알면 올바른 길을 찾아갈 수 있다. 그러나 내가 지금 어디에 있는 건지 잘 모르는 상태에서는 어느 방향으로 나아가야 할지 알 수 없다. 인생도 마찬가지다. 계획이 없는 인생은 실패를 준비하고 있는 것과 같다.

누구나 휴일을 빈둥거리며 보낸 경험이 있을 것이다. 눈앞의 즐거움에 휩쓸리는 것이 인간의 본능이다 보니 계획이 없으면 시간을 낭비하기 십상이다. 한정된 시간 안에 최고의 생산성을 내려면 계획을 세우고 실천하는 것밖에는 없다.

인생 5단계 이론

최고의 능력을 발휘하는 알찬 인생을 살기 위해 먼저 당신의 인생을 5단계로 나눠보자.

단계 1 : 23～27세 배움 단계

단계 2 : 28～32세 리더십 개발 단계

단계 3 : 33～44세 도전 단계

단계 4 : 45～60세 부 형성 단계

단계 5 : 61세～   사회 환원 단계

자신의 최종 목표를 고려하면서 각 단계별 목적에 따라 해야 할 일의 목록을 작성한다. 예를 들어 지금이 단계 1이라면 목

〔그림 4〕인생 5단계의 작성 예

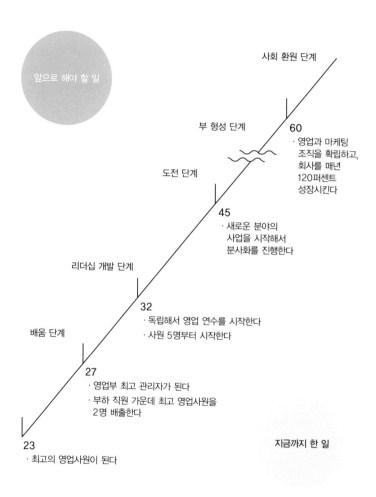

앞으로 해야 할 일

사회 환원 단계

부 형성 단계

60
· 영업과 마케팅
  조직을 확립하고,
  회사를 매년
  120퍼센트
  성장시킨다

도전 단계

45
· 새로운 분야의
  사업을 시작해서
  분사화를 진행한다

리더십 개발 단계

32
· 독립해서 영업 연수를 시작한다
· 사원 5명부터 시작한다

배움 단계

27
· 영업부 최고 관리자가 된다
· 부하 직원 가운데 최고 영업사원을
  2명 배출한다

23
· 최고의 영업사원이 된다

지금까지 한 일

인생을 시간전략으로 설계하라

표를 이루기 위해 무엇을 배워야 할지를 써본다. 이미 과거가 되어버린 단계에 대해서도 자신이 무엇을 해왔는지를 쓰고, 나아가 미래에는 무엇을 해야 할지를 단계별 목적에 맞춰 써보도록 한다.

아직 20대 또는 30대라면 단계 4, 5는 상당히 먼 훗날의 일이기 때문에 구체적으로 떠오르지 않을 수도 있다. 이것은 당연한 현상이기 때문에 '사회 환원 단계가 되면 사회복지에 도움이 되는 일을 하자'는 등의 추상적인 주제를 잡아도 상관없다.

현재 자신이 속한 단계에서
연간 계획을 세워라

앞에서 이야기한 인생 5단계 이론을 토대로 연 단위의 계획을 세워보자. 만약 지금 당신이 단계 2의 연령인 28~32세라면 목표를 이루기 위한 리더십 개발에 필요한 것들을 써보자. 그리고 각각의 나이에 무엇을 할지, 또 무엇을 했는지를 다음의 5개 주제로 나누어 작성한다.

건강

1년에 1번 건강검진을 받는다. 매일 아침 4킬로미터를 달린다. 체중 ○킬로그램을 유지한다.

인간관계

1년에 3번 가족여행을 떠난다. 1년에 10번 이상 집에서 파

티를 연다. 일주일에 1번 아침 공부 모임에 참석한다. 상위 5
퍼센트의 인맥을 만든다.

업무

연간 매출을 매년 120퍼센트 늘린다. 매년 ○명을 채용한다.
관리 능력 향상을 위해 한 달에 1번 강연이나 세미나에 참석한
다. 올 한 해 동안 교육 매뉴얼을 작성해서 매일 아침 직원 교
육을 시작한다.

저축

연 수입의 20퍼센트를 저축한다. 3년 동안 주택 구입 자금
○원을 모은다.

취미

매일 30분 동안 책을 읽는다. 1년에 6회 이상 콘서트나 클래
식 음악회에 간다.

연 단위의 계획이므로 가능한 한 구체적으로 작성한다. 예컨대 자격증을 취득한다고 생각해보자. 정해진 시험일로부터 거꾸로 계산해서 공부 시기는 몇 월부터 몇 월까지라는 식으로 계획을 세운다.

나는 단계 2의 나이 때 일도 열심히 했지만, 연애와 도박에도 정신없이 빠져 있었다. 담배를 피며 도박을 하던 그때를 떠올리면 한심한 생각이 든다. 단계 1의 나이에는 회사를 세웠다가 실패했다. 거액의 빚을 갚기 위해 열심히 일해 성과를 올리기는 했지만, 내면 깊숙한 곳에서는 인간에 대한 불신에 빠져 있었다. 당연히 다른 사람을 배려할 여유가 없었다. 그런 내가 스물아홉 살에 능력개발 컨설팅 회사로 옮기면서 이전의 생활을 청산하고 새롭게 출발해 3년 만에 회사 임원으로 승진했다. 그리고 단계 3에서는 조금 이르기는 했지만 서른두 살에 지금의 회사를 일으켰다. 돌이켜보면 단계 2의 나이에 지금의 나라는 인간의 기반이 완성되었다.

지금까지의 경험을 통해 사람은 새로운 만남이나 인연으로 인생이 크게 바뀐다는 것을 절실히 깨달았다. 인생 5단계를 계획하라고 하면 '이미 나이를 먹을 만큼 먹었는데 뭐……' 하고 포기하는 이들이 있다. 그러나 사람은 스스로 바뀌기를 선택할 때에만 바뀔 수 있다. 변화는 기회를 만든다는 사실을 잊지 말자.

월간 계획, 주간 계획, 일일 계획을 세워라

앞에서 작성한 연간 계획을 토대로 1년 동안의 월간 계획을 만들고, 다시 각 월별로 주간 계획을 세우고, 마지막으로 일일 계획을 세워보자.

월간 계획에는 구체적인 업무 일정이 빼곡히 들어가기 마련인데 자칫하면 당장 눈앞의 일에 쫓겨 공부나 학원 수강 등의 계획을 포기할 수 있다.

하지만 연간 계획을 토대로 월간 계획을 세우면 장기적인 관점에서 업무 일정을 소화하려고 더 애쓰게 된다. 일일 계획을 실천하는 자세도 이와 마찬가지다.

〈표 3〉 인생 계획의 작성 예

주제	성공의 기준	4월	5월	6월
건강	· 매일 아침 4킬로미터 달리기 · 1년에 1번 건강검진	· 4킬로미터 달리기 ————————→ · 체중 ○kg	· 체중 ○kg	· 체중 ○kg
인간 관계	· 1년에 3번 가족여행 · 1년에 10번 이상 집에서 파티를 연다 · 일주일에 1번은 아침 공부 모임에 참석한다	· 동료를 초대해 파티 열기 · 일주일에 1번 아침 공부 ———— 모임 참석	· 학창 시절 친구들과 파티	· 가족과 국내 여행 ————————→
업무	· 연 매출 매년 120퍼센트 향상 · 인력 관리 능력 성장 · 한 달에 1번 세미나 참석 · 교육 매뉴얼을 작성해서 직원 교육 시작	· 조직 매출 ○원 · 채용 ○명 · 세미나 참석 ———— · 매뉴얼 작성 ————→	· 조직 매출 ○원 · 채용 ○명	· 조직 매출 ○원 · 채용 ○명 · 직원 교육 시작
저축	· 수입의 20퍼센트를 저축한다 · 주택 구입 자금 ○원을 모은다	· 저금 ○원 · 주택 자금 ○원	· 저금 ○원 · 주택 자금 ○원	· 저금 ○원 · 주택 자금 ○원
취미	· 매일 30분 독서 · 1년에 6회 이상 콘서트나 클래식 음악회에 간다	· 독서 30분 ————————→ · 콘서트에 가기		· 클래식 음악회

하루 두 번, 아침과 저녁에
계획을 확인하라

하루를 시작하면서 오늘의 일정과 해야 할 일을 확인하는 사람은 많다. 그러나 인생을 설계하려면 오늘의 일정뿐만 아니라 목표에서부터 하루의 일정까지를 순서대로 확인하는 습관을 들이는 것이 좋다.

매일 아침 자신의 목표를 확인하고 중장기 계획을 확인하면 '이렇게 바꾸면 더 원활하게 진행되겠다'는 새로운 아이디어가 떠오를 때가 있다. 처음 계획을 세웠을 때보다 하루가 지난만큼 자신이 더 성장했기 때문이다. 성장을 통해 알게 된 새로운 지식과 확장된 인맥이 새로운 길을 열어준다. 새로운 길이 보이면 그것을 반영해서 더욱 짧은 시간 안에 목표를 실현할 수 있도록 다시 계획을 세우는 것이 좋다.

사람의 행동은 날씨에 좌우되기 때문에 이러한 것도 염두에 두면서 일정을 재검토하는 것도 필요하다. 예컨대 오늘 눈이 내릴지도 모른다는 일기예보가 있었다면 출근 시간에 전철이 지연될 가능성을 염두에 두고 약속에 늦지 않도록 평소보다 일찍 일어나야 한다.

하루를 마치는 저녁에는 그날을 되돌아보면서 끝내지 못한 일은 없는지, 오늘 마치지 못해서 변경해야 할 점은 없는지를 확인한 뒤에 내일의 일정을 점검하고 잠자리에 든다.

목표를 달성하지 못한
이유는 무엇인가

지금까지 인생의 목표를 이루는 데에는 시간전략이 반드시 필요하다는 것과 이를 위해 필요한 시간을 관리하는 방법에 대해 이야기했다. 그러나 최종적으로 목표를 이룰 수 있을지 여부는 당신의 의지에 달려 있다. 여행 계획을 아무리 꼼꼼하게 세워도 결국 여행을 떠나지 않는다면 아무 의미가 없다. 시간전략도 마찬가지다.

그러나 어떤 사람은 단지 계획했다는 사실에 만족해버리거나, 세운 계획을 앞에 두고 '과연 내가 이것을 할 수 있을까?' 하고 마음이 약해지는 경우가 종종 있다. 그래서 필요한 것이 자신의 약점을 제대로 파악하고 그것을 보완하기 위한 대책을 세우는 일이다. 즉 내가 목표를 이루지 못하는 이유가 무엇인지를 깊이 생각해보는 것이다.

다음으로 어떻게 하면 약점을 보완할 수 있을지를 생각한다. 사람은 저마다 다양한 약점을 갖고 있지만, 여기서는 누구나 응용할 수 있는 약점 보완 방법 네 가지를 소개한다.

〔방법 1〕 뚜렷한 목표를 세워라

'만약 목표를 이루지 못하면 어쩌지······' 하고 자신이 세운 목표나 계획 앞에서 망설이거나, '계획을 세우기는 했는데, 나는 정말 이것이 하고 싶은 걸까'라는 불안이 엄습한다. 목표를 이루지 못하는 사람들 대부분이 이런 기분에 빠져 좌절하고 만다. 목표가 높을수록 더 큰 불안감에 쫓긴다.

그럴 때는 다시 원점으로 돌아가 '절대로 실패하지 않는다고 가정했을 때 내가 가장 하고 싶은 일은 무엇일까'를 스스로에게 물어보라. 그러면 자신이 두려워하고 있는 건 실패 자체라는 사실을 깨닫게 될 것이다. 그리고 다시 한 번 목표를 구체적으로 세워보도록 하자.

사람은 '상처받을지도 몰라, 실패하면 슬프겠지, 좌절하게 될 거야' 같은 고통스러운 감정이 예상되면 그러한 감정의 원인이 되는 행동을 피하고 싶어 한다.

예컨대 영어를 배우려고 영어학원에 다닐까 생각 중인 머릿속 한편에는 영어학원을 다니면서도 영어를 전혀 못하는 자신이 떠오른다. 만약 영어를 못하면 '창피하겠지' 또는 '영어학원에 계속 다니기 어려울 거야' 하고 뇌가 고통 감정을 예측하고, 결국 '창피해서 학원을 다닐 수 없을지도 모르니까 영어학원 같은 건 안 가는 게 낫겠어' 하고 행동을 포기하게 된다. 이렇게 되면 당연히 외국인과 대화하며 영어를 배울 기회는 사라진다. '영어를 할 수 있게 된다'는 목표에서 더더욱 멀어지는 것이다.

고통 감정을 극복하고 학원에 다녀야 영어 실력이 향상될 가능성이 열린다. 업무상의 목표 성취도 이와 다르지 않다. 실패나 고통을 피하려고만 하면 성공에 이르지 못한다. 지금 성공한 사람들도 수많은 고통을 겪고 쓴맛을 본 이들이다.

〔방법 3〕 다른 사람의 도움을 받아라

당장 이 순간부터 금연을 하기로 결심했다고 생각해보자. "오늘부터 담배를 끊겠습니다"라고 가족과 동료에게 선언하고, "금연한다면서요?"라고 수시로 자신에게 금연 사실을 깨우쳐달라고 부탁하면 성공률이 높아진다. 이것이 바로 목표를 이루는 데 필요한 타인의 도움이다.

혼자서 할 수 있는 일에는 한계가 있다. 주어진 시간은 하루 24시간밖에 없고 몸도 하나밖에 없다. 능력이나 인맥에도 한계가 있다. 그러나 '이런 기술을 갖고 있는 사람을 소개시켜달라'고 다른 사람에게 도움을 청하면 반드시 자신이 원하는 인재를 찾을 수 있다. 목표를 이루려면 도움을 주는 사람들이 반드시 필요하다. 그런데 '남에게 머리를 숙여 부탁해야 하다니……' 하고 자존심이 허락하지 않거나, '이런 부탁을 하면 폐가 되지 않을까?' 하는 마음에 도움을 청하지 못하는 사람이 적지 않다.

그러나 자신이 보기에는 곤란하다고 생각되는 부탁이라도 상대방에게는 그리 어려운 일이 아닌 것도 많다. 게다가 부탁을 들어줄 수 있다는 것은 그만큼 상대방에게 능력이 있다는 뜻이다. 무리한 부탁이라면 무리라고 말할 것이다. 용기를 내어 "의논드릴 일이 있는데……" 하고 말을 꺼내보자. 작은 행동 하나로 순식간에 목표를 향한 길이 열릴 수도 있다.

도움을 주는 사람은 많을수록 좋다. 진정한 파트너란 자신이 최대한의 도움을 주고, 상대방으로부터 최대한의 협력을 구할 수 있는 관계다. 자신은 잘 깨닫지 못하더라도 이미 갖고 있는 기술이나 인맥, 자금 등이 상대방에게 큰 도움이 될 수 있다. 주변 사람을 적극적으로 도와주자. 그럴수록 도움을 구할 수 있는 사람이 늘어난다.

〔방법 4〕 서로의 목표 달성을 돕는 구조를 만들어라

나는 항상 '누이 좋고 매부 좋고 세상에도 좋게'라는 생각을 갖고 사업을 해왔다. 즉 '판매자에게 좋게, 구매자에게 좋게, 세상에 좋게'라는 개념이다. 이것은 서로의 목표를 이룰 수 있도록 돕는 구조이기도 하다.

우리 회사는 2008년에 열린 F1 일본 그랑프리에서 팀 윌리엄스를 후원했는데, 이것 역시 '누이 좋고 매부 좋고 세상에도 좋게'라는 생각에 바탕을 둔 활동이었다. 후원받은 자금으로 팀 윌리엄스는 팀 운영을 원활히 할 수 있었고, 회사는 자사 브랜드 선전이라는 도움을 받았을 뿐만 아니라, 사원 교육의 장을 만들 수 있었고, 나아가 팀 윌리엄스와의 인맥도 형성되었다. F1을 후원하는 것이 간접적으로 F1에 종사하는 사람들이나 팬들에 대한 환원으로 이어져 '세상에 좋게'도 실현할 수 있었다.

이처럼 '누이 좋고 매부 좋고 세상에도 좋게'를 만들 수 있으면 어떤 일이든 실현할 수 있어 서로의 목표 달성을 돕는 구조를 만들 수 있다.

좌절했을 때 마음을
다스리는 법을 배워라

사업을 하다 보면 일이 생각대로 풀리지 않아 벽에 부딪힐 때가 많다. 이것은 겉으로는 성공한 사람으로 보이지만, 매일 수많은 장애물과 싸우고 있는 경영자들을 보면서도 실감한다. 살면서 사람은 여러 번 벽에 부딪힌다. 그때마다 좌절해 어쩔 줄 모른다면 시간이 아무리 많아도 소용없다. 그러므로 벽에 부딪혔을 때 마음을 다스리는 법을 미리 배워두자.

나는 감정에 좌우되지 않고 항상 목표를 향할 수 있도록 노력한다. 리듬을 가다듬기 위해 매일 아침 계획을 확인하는 습관 덕분에 하루를 기분 좋게 시작할 수 있다. 그러나 출발이 좋았더라도 집중력이 떨어지거나 불쾌한 사건이 일어날 수도 있고, 나쁜 소식을 듣고 리듬이 깨질 수도 있다. 그럴 때는 마음을 편안하게 해주는 음악을 듣거나 오후에 15분 정도 낮잠을 자서 기분을 전환시킨다. 한숨 돌리는 시간을 갖는 것이다. 기분을 전환해 리듬을 되찾으면 다시 새로운 기분으로 일에 집중한다.

긍정적인 기분을 유지하려면 씩씩하게 먼저 다른 사람에게 인사를 건네거나 재미있는 이야기를 나누며 웃는 것도 효과가 있다. 무표정한 얼굴로 있으면 상대방에게 '무슨 나쁜 일이 있었나?' 하는 걱정을 끼칠 뿐 아니라, 다른 사람들의 기분에도 영향을 미친다. 함께 일하는 사람들의 의욕이 떨어지면 사무실 분위기가 침체되므로 기분이 처질 때는 좋은 리듬을 되찾기 위해 노력하자.

기회를 부르는 좋은 리듬을 만들어라

경험상 나는 사생활이나 회사 업무를 리듬감 있게 진행하면 좋은 기회를 부른다는 것을 배웠다. 신기하게도 리듬이 깨졌다는 느낌이 들면 기회도 도망간다. 따라서 매일 최상의 리듬을 유지할 수 있도록 상대방의 기쁨이 곧 나의 기쁨임을 잊지 않으려고 노력한다. 이를테면 회의에 참석한 사람들이 좋은 시간을 보냈다고 기뻐할 수 있도록 노력한다. 그러기 위해서는 자신부터 회의 시간을 즐길 수 있어야 하고 상대방이 기뻐할 수 있는 제안이나 좋은 정보를 제공해야 한다.

회사 직원의 생일은 물론 직원 가족의 생일에 꽃다발이나 상품권을 보내는 것도 상대의 기쁨이 곧 나의 기쁨이라는 생각에서다. 이처럼 선한 동기에서 모든 행동을 시작하면 내 리듬을 유지할 수 있고 상대방에게도 도움이 된다.

누구에게나 리듬이 깨진 경험이 있고, 자신에게 편안한 리듬도 사람마다 다르다. 어떤 속도, 어떤 리듬이 좋을지는 개인마다 차이가 있지만 기본은 선한 동기, 즉 상대방을 기쁘게 만들고 싶다는 생각이라는 사실을 기억해두기 바란다.

할 일을 뒤로 미루는 버릇을 고쳐라

처리해야 할 일이 있는 데도 뒤로 미루는 습관이 있는가? 누구나 '나중에 하면 되지……' 하는 유혹을 받는다. 그러나 일 처리가 빠른 사람일수록 '아니야, 어차피 해야 할 일인데 지금 해치워버리는 편이 좋아' 하고 생각을 고쳐먹어 곧바로 실행에 옮긴다. 이 결과가 성과의 차이를 만들어낸다.

뒤로 미루는 버릇이 목표 달성을 방해하는 최대 적이라는 사실을 명심하라. 개인차는 있지만 누구에게나 이러한 버릇이 있다. 하지만 뒤로 미루는 버릇이 유독 심한 사람들은 집이나 사무실 책상이 엉망이거나, 입고 나갈 옷이 없을 때까지 세탁물을 쌓아두거나, 눈앞에 쓰레기가 떨어져 있어도 '나중에 치우지 뭐' 하고 지나치는 등 일상생활의 자잘한 일들에서도 '나중에'가 많다.

뒤로 미루는 버릇은 이미 성격의 한 부분이 되어버렸으므로 이것을 고치는 습관을 기르는 것이 중요하다. 자신이 뒤로 미루는 버릇이 있다고 느낀다면 다음에 제시하는 방법을 생활 속에서 실천해보도록 하자.

〔방법 1〕"지금 바로 처리하자"를 입버릇으로 만들어라

'나중에……'라는 생각이 든 순간에 "지금 바로 처리하자!"라고 외쳐라. 그리고 실제로 바로 처리하도록 한다. "지금 바로 처리하자"라고 쓴 종이를 집이나 사무실의 눈에 잘 띄는 곳에 붙여놓는 것도 의외로 효과가 있다.

〔방법 2〕알람을 설정하라

휴대전화의 알람 기능을 사용해서 매 시간마다 해야 할 일을 자신에게 알려준다. 이를 위해 아침에 하루 일정을 계획할 때 알람을 설정해놓도록 한다. 예정대로 해야 할 일을 소화해서 하루를 끝낼 때의 충만한 기분을 체험하면 뒤로 미루는 버릇을 조금씩 고칠 수 있을 것이다.

〔방법 3〕 포스트잇을 활용하라

기획서 작성, ○○씨에게 이메일 보내기, △△상사에 견적서 보내기…… 같은 오늘 해야 할 일들을 세세하게 포스트잇에 적는다. 이때 한 건당 한 개의 포스트잇을 사용하는 것이 중요하다. 포스트잇을 책상 앞에 붙여놓고 일을 끝내면 한 장씩 떼어버린다. 마지막 한 장을 떼어냈을 때 느끼는 성취감이 기분 좋게 느껴진다면 뒤로 미루는 버릇에서 탈출할 수 있을 것이다.

처음에는 모든 일을 끝내지 못할 수도 있다. 그럴 때는 끝내지 못한 이유를 기록한다. 이 기록을 꼼꼼히 살펴보면 어떤 일을 무슨 이유로 뒤로 미루고 있는지를 알 수 있다.

〔방법 4〕 해야 할 일 목록을 작성하라

마감까지 아직 여유가 있더라도 해야 할 일 목록에 일일이 적어둔다. 예컨대 이사를 했다면 전입 신고나 운전면허증과 카드 고지서의 주소 변경 같은 자질구레한 일들을 모두 해야 할 일 목록에 기록해두고, 하루 일정을 세우면서 목록 중에서 처리할 수 있는 일은 없는지 검토한다.

이렇게 매일 하나둘씩 처리하면 해야 할 일 목록의 항목들이 사라진다.

〔방법 5〕수첩을 활용하라

깔끔하게 메모를 하지 못하는 사람이 일을 뒤로 미루는 버릇을 갖고 있는 경우가 많다. 일정, 아이디어, 해야 할 일 등을 무질서하게 적어놓는 사람은 어떤 것이 오늘 일정이고 어떤 것이 자신의 아이디어인지 알기 어려워 일의 우선순위가 뒤죽박죽이 된다.

우선 하루의 일정에는 실행 예정인 것만 기입하고, 아이디어나 해야 할 일은 포스트잇이나 해야 할 일 목록에 적어둔다. 적어도 이 정도는 구분해놓아야 한다. 일정의 종류나 긴급한 일인지 여부에 따라 다른 색깔의 펜으로 적어놓는 것도 좋다. 중요한 것은 날마다 체크해서 우선순위를 지키는 것이다. 기분이 내킬 때만 본다면 목표에서 멀어지고 만다. 가까이 두고 수시로 들여다보는 습관을 기르자.

〔방법 6〕 제삼자의 확인을 받아라

동료나 부하 직원 또는 비서에게 자신이 해야 할 일을 미리 알려주면서 "깜빡 잊을지도 모르니 일깨워달라"고 부탁한다. 사적인 일은 가족에게 지적해달라고 부탁한다.

"화장실 전구, 새것으로 교환했어요?" 하는 부인의 말에 자기도 모르게 "오늘은 피곤하니까 내일 하지"라고 짜증을 냈다면 곧바로 사과하고 일을 처리하자. 부인은 당신의 부탁으로 확인하는 것이니까 뒤로 미루는 버릇이 있는 당신의 잘못이 명백하다.

〔방법 7〕 자신에게 상을 줘라

자신을 눈앞에 보이는 당근을 좇아 맹렬히 달려가는 말로 만들어라. 지금 하고 있는 일이 끝나면 마음껏 즐기고 싶은 것─예컨대 좋아하는 가수의 콘서트에 간다거나 온천여행을 가는 것─을 당근으로 걸어두고 일정에 포함시킨다.

물론 만약 일을 다 끝내지 못하면 가지 못한다는 규칙도 세워놓아야 한다. 그러면 즐거움을 누리기 위해 자연스럽게 열심히 일하게 될 것이다.

당신이 일을 뒤로 미루면 다른 사람들의 시간을 빼앗게 된다. 동료나 부하 직원은 당신이 일을 끝내기를 기다리고 있고, 당신의 역할이 끝난 후에 그것을 이어서 하게 되어 있는 그들에게도 그들만의 일정이 있다. 당신이 일을 뒤로 미룬 탓에 동료나 부하 직원이 야근을 하게 된다면 당신은 그들의 시간을 훔친 것이다. 따라서 일정을 지키는 일은 상대방의 시간을 존중하는 행동이기도 하다.

5분 지각한 것을 두고 겨우 5분이라고 생각해서는 안 된다. 내가 늦은 5분과 상대방이 기다린 5분이 더해지므로 총 10분의 시간을 낭비한 것이다.

〔방법 9〕 해야 할 일에 적절한 시간을 배분하라

일을 뒤로 미루는 버릇이 있는 사람은 일을 하는 데 걸리는 시간이 얼마만큼인지를 예측하는 것이 서툴거나 또는 너무 여유롭게 잡는 경향이 있다. 그런 사람일수록 시간이 얼마나 걸릴지 몰라 귀찮아져서 혹은 막막해서 일을 뒤로 미뤄버린다. 그러나 실제로 그 일을 처리하는 데 겨우 5분, 10분 정도밖에 걸리지 않을 때가 많다.

겨우 10분 안에 끝낼 일이라면 지금 당장 해치워버리자. '할 일이 산더미야……'라는 쫓기는 기분에서 자신을 해방시키는 편이 훨씬 낫지 않은가? 그래야 정말 중요한 일에 집중할 수 있다.

20퍼센트의 여유를 가져라

사람들은 저마다 잘하는 일, 못하는 일이 있고, 경험상 작업 효율이 더 올라가는 일도 있다. 같은 일이라도 그 일을 잘하는 사람은 빨리 처리하고, 그렇지 못한 사람은 시간이 많이 걸릴 것이다. 익숙해지면 일을 더욱 솜씨 있게 처리하게 된다.

시간 배분은 경험에 의해 이루어진다. 경험을 쌓으면 일의 효율은 더욱 올라간다. 시간 배분을 하려면 일단 많은 양의 일을 처리해서 어느 정도의 시간이 걸리는지를 아는 것이 첫걸음이다.

과거의 경험과 지금의 일 처리를 기억하고 기록해서 대략적으로 걸린 시간을 파악한 다음에 여기에 20퍼센트의 여유를 더하자. 그러면 적절하게 시간을 배분할 수 있다.

20퍼센트의 여유는 예비 시간이다. 갑작스런 손님의 방문,

급한 전화, 컴퓨터에 문제가 생겨 일이 중단되는 시간 등을 생각한 것이다. 만약 예비 시간을 사용하지 않고 일을 마친다면 20퍼센트는 자투리 시간으로 활용할 수 있다.

의욕을 잃었을 때는 바로 휴식을 취하라

시간 배분을 잘하려면 되도록 의욕을 잃어버린 상태를 배제해야 한다. 의욕을 높게 유지하기 위해서는 평상시에 휴식과 수면을 확실히 취해서 건강관리를 하고 또 여가를 즐겨야 한다. 하지만 일을 하다 보면 수면 부족에 쫓기거나 집중력이 떨어질 때가 있다. 그럴 때는 망설이지 말고 곧바로 휴식을 취하도록 하자.

바깥바람을 쐬고 오거나 커피를 마시면서 잠깐 쉬어도 되고, 잠시 눈을 붙일 수 있는 환경이라면 10~15분 정도 낮잠을 자는 것도 효과적이다. 이러한 휴식 시간을 확보하기 위해서는 항상 20퍼센트의 여유를 갖고 일을 하는 습관이 필요하다.

성과에서부터 거꾸로 생각하라

하나의 업무에 대해 그 일의 성과에서부터 생각해서 '언제, 무엇을 하면, 그러한 성과를 이룰수 있을까'를 구체적으로 결정한다. 그리고 거꾸로 생각해서 도출된 순서에 따라 적절한 때에 해야 할 일을 끝낼 수 있도록 일정을 짠다. 이것 역시 시간 배분에서 빠뜨릴 수 없는 중요한 노하우다.

전체를 볼 수 있는 시야를 가져라

많은 사람들이 일을 할 때 여러 가지를 한꺼번에 맡아 동시에 진행하는 경우가 많다. 그러다 보면 자칫 현재 자신이 하고 있는 일에만 몰두하게 되기 쉽다. 하지만 그럴수록 하늘을 나는 새가 땅을 내려다보는 전체적인 시점에서 자신의 일을 살펴보는 과정이 시간 배분에서 반드시 필요하다.

지금 어떤 일을 하고 있는가, 일의 진행 상황은 어떠하며, 다음 단계는 무엇인가 등등 머릿속으로 자신이 해야 할 일의 동선을 그리면서 다음 행동을 생각해보자.

이렇게 하면 '회의가 끝난 후에 ○○씨에게 지시해서 내일까지 이 건을 마무리하자' 또는 '오늘 중으로 △△씨에게 전화로 약속을 잡아야지'처럼 적절하게 시간 배분을 하면서 지금 해야 할 일의 목록을 작성할 수 있다.

해야 할 일의 요점을 벗어나지 마라

시간 배분을 하려면 우선 무엇을 해야 할지를 정확하게 판단할 필요가 있다. 아무리 시간 배분을 잘했어도 목표에서 벗어난 일을 한다면 돌아오는 결과는 별 볼일 없다.

· 지금 전화를 걸어야 할 상대방은 누구인가?

· 오늘 중으로 읽어야 할 자료는 무엇인가?

· 작성해놓은 자료는 어떤 것인가?

　목표를 정확히 세우고 시간 배분을 한다는 것은 우선순위를 올바로 정해야 한다는 것을 뜻한다. 일을 하다 보면 우선순위는 높은데 그 일을 처리할 만큼의 충분한 시간을 낼 수 없을 때도 있다. 그럴 때는 일을 세분화해서 시작한다. '자료 작성을 먼저 해야 하지만 외근 일정이 잡혀 있어서 차분히 앉아 자료를 살펴볼 시간이 없다. 그렇다면 일단은 이동 중에 자료를 읽어두자.' 이처럼 목표에 집중하면서도 그때그때 적절한 상황 판단으로 일을 세분화해서 처리하면, 최종적으로는 계획한 시간에 우선순위가 높은 일을 처리할 수 있다.

잘 모르는 일이나 곤란한 일이 생겼을 때는 망설이지 말고 다른 사람의 지혜를 빌리는 것도 시간 배분에서 꼭 필요한 일이다. 내게는 어려운 문제라도 다른 사람에게는 식은 죽 먹기일 때가 종종 있기 때문이다.

혼자서 고민하거나 혼란스러워하기 전에 그 문제에 대해 잘 알고 있는 사람의 도움을 받으면 시행착오를 겪는 시간을 단축할 수 있다. 목표에서 벗어난 일을 하는 것은 시간 낭비일 뿐이다. 시간 낭비를 없애기 위해서라도 다른 사람에게 물어보는 용기를 내자.

뭔가 이상하다고 느꼈다면
과정을 거슬러 올라가라

시간 배분을 정확히 해서 일을 진행해도 생각처럼 결과가 나오지 않을 때도 있다. 이것은 자신이 세운 계획이나 진행 방법, 즉 과정에 문제가 있다는 것을 의미한다. '계획대로 진행이 되지 않는다. 무언가 이상하다'고 느꼈다면 그때까지 진행한 과정을 거슬러 올라가보자.

계획 자체가 느슨했거나, 자신이 판단을 잘못한 것은 아닌지, 도움을 청한 상대를 잘못 고른 것은 아닌지, 상황이 바뀐 것은 아닌지……. 다양한 요인별로 과정을 거슬러 올라가면 계획대로 진행되지 않는 이유를 찾을 수 있다.

때로는 믿음 자체가 틀린 경우도 있다. 차라리 믿는 것이 편할 때는 아무리 틀렸어도 자신이 옳다고 맹신하는 것이 사람이다. '내가 혹시 틀린 것은 아닐까?' 하는 겸손한 마음으로 과정을 차근차근 거슬러 올라가면서 점검해본다. 이렇게 하면 계획대로 일이 진행되지 않는 이유가 더욱 분명해질 것이다. 원인을 파악한 뒤에는 개선 방법을 생각하고 궤도를 수정하면 된다. 중요한 것은 가능한 한 빨리 잘못된 점을 깨닫는 객관적인 눈을 갖는 것이다.

5:00

시간은 어떻게 관리하는가

능력 있고 성실한 사람에게 일을 맡겨라 | 잘할 수 있는 일을 맡겨라 | 신뢰받는 사람이 돼라 | 자신의 그릇을 넓혀라 | 팀워크를 중시하라 | 회의 능력을 길러라 | 칭찬하는 습관을 들여라 | 질문은 5W2H로 하라 | 사람을 소중히 여겨라 | 솔직함을 잊지 마라 | 상대방 입장에서 생각하라 | 여러 번 실천하라 | 우정이 인맥을 넓힌다 | 먼저 상대방을 믿어라 | 자신의 능력 이상의 일은 말하지 않는다 | 글쓰기 능력은 독서에 비례한다 | 1차 정보를 중요하게 여겨라 | 정보의 사실 여부를 반드시 확인하라 | 공통의 목표를 가진 동료를 사귀어라 | 글쓰기를 무기로 삼아라 | 말하는 습관을 반성하라 | 다시 일어설 수 있는 대범함과 반성하는 자세를 갖춰라 | 어디서 실패했는지를 찾아라

능력 있고 성실한 사람에게 일을 맡겨라

거듭 말하지만 시간은 관리하는 동시에 만들어내는 것이 중요하다. 시간을 만드는 것은 다른 사람에게 적절하게 일을 맡길 수 있는지가 관건이다. 일을 맡길 때는 그 사람의 능력을 고려해서 판단하기 쉽다. 그러나 지금까지의 내 경험에 따르면 성실함보다 뛰어난 능력은 없다.

아무리 뛰어난 능력을 갖추었더라도 성실하지 않은 사람과의 관계는 오래가지 못한다. 성실한 사람과는 일의 능력이나 기술 이상으로 그 사람 자체와 오래 사귀고 싶다. 게다가 그 사람의 경험이 약간 부족한 것 같더라도 '그거야 앞으로 쌓아가면 되지' 하고 생각하게 된다. 여기서 성실한 사람이란 약속을 지키는 사람을 말한다. 그래서 나는 아무리 작은 약속이라도 반드시 지키는 사람에게 일을 맡긴다.

잘할 수 있는 일을 맡겨라

다른 사람에게 일을 맡길 때 또 하나 유의해야 할 점은 그 사람이 잘할 수 있는 분야를 맡겨야 한다는 것이다. 그리고 그 사람의 장점을 더욱 키워준다는 마음으로 일을 맡기는 것도 중요하다.

단점과 장점은 동전의 앞뒤와 같다. 예컨대 꼼꼼하다는 것은 장점이지만 깐깐하다고 생각하면 단점으로 보인다. 게다가 이러한 기본적인 성격은 사회로 나오기 전에 형성된다. 다시 말해 얼마나 공부를 했건 누구에게나 서툰 분야가 있기 마련이고, 그런 일은 강제로 시켜봐야 능력 향상에 한계가 있다. 그러나 자신이 잘할 수 있는 분야에서는 무한한 가능성을 펼쳐보인다.

또한 잘할 수 있는 분야는 시간이 오래 걸리는 일이더라도

어려움을 느끼지 않고 계속할 수 있다. 부하나 후배가 느낄 스
트레스를 배려하는 차원에서도 잘할 수 있는 분야를 파악해서
일을 맡기는 것이 훨씬 효율적이다.

신뢰받는 사람이 돼라

일을 맡기는 사람이 리더십을 제대로 발휘하지 못하면 일을 맡은 쪽은 불안해진다. 무엇보다 상사를 신뢰하지 못하면 일을 잘하겠다는 마음이 들지 않을 것이다. 그렇다면 어떤 식으로 리더십을 발휘해야 할까? 한마디로 말해 '이 사람을 따라가자'는 마음이 들게 하는 것이다.

그러기 위해서는 자신도 늘 성실한 모습을 보여줘야 한다. '괜히 도와줬다가 내 공만 빼앗기는 건 아닐까?' 하는 불신에 사로잡힌 부하 직원이 맡은 일을 잘할 리 없다. 팀원이나 부하 직원, 후배를 불안하게 만드는 행동을 하지 않도록 주의하자. '이 사람과 함께라면 성장할 수 있어', '내 능력을 제대로 평가해주는 사람이야'라는 신뢰를 주는 사람이라면 리더십을 멋지게 발휘해서 팀을 이끌어갈 수 있다.

자신의 그릇을 넓혀라

사람은 흥미를 느끼지 못하는 일에는 관심을 보이지 않는 경향이 있다. 때에 따라서는 잘 모르는 분야라는 사실만으로 혐오감을 품을 때도 있다. 그러나 부도덕한 일이 아니라면 모르는 분야에 흥미나 관심을 갖는 것이 자신의 그릇을 넓히는 계기가 되기도 한다.

자신과는 다른 타입의 사람이라는 이유만으로 부하 직원이나 팀원을 멀리 대하고 있는가? 그것은 자기 성장에 한계를 긋는 행동과 다름없다. 다른 사람을 포용할 수 있는 넓은 마음을 가질 수 있도록 스스로를 단련시키자.

팀워크를 중시하라

팀 단위로 일을 할 때는 리더십뿐만 아니라 팀워크도 중요하다. 팀워크를 최대한 발휘하려면 팀 전체가 공통의 목표를 갖고 움직여야 한다. 저마다 생각이 달라서는 일을 진행할 수 없을 뿐만 아니라, 팀의 결속 자체가 흔들리기 때문이다.

리더에 대한 신뢰와 동일한 목표를 공유한다는 결속력이 있으면 최상의 팀워크로 일을 할 수 있다. 최상의 팀워크는 최고의 성과를 유발하는 요인이기도 하다.

회의 능력을 길러라

시간을 만들고 관리하려면 높은 수준의 커뮤니케이션 능력이 필요하다. 아무런 성과도 없는 회의나 대화에 시간을 낭비하지 않기 위해서다.

오늘부터 추상적인 발언은 그만두고, 가능한 한 구체적으로 이야기하는 습관을 기르자. 특히 부하 직원이나 후배에게 지시를 할 때는 되도록 구체적으로 해야 한다. 무엇을, 언제까지, 어떻게 하면 좋을지를 확실히 전달하면 상대방도 맡겨진 일을 명확하게 파악할 수 있다.

칭찬하는 습관을 들여라

아무런 보답도 돌아오지 않는 일을 한다는 것은 인간에게 가장 큰 좌절감을 안겨준다. 세상에는 일에 따라 제대로 된 평가를 받지 못하는 경우가 적지 않다. 하지만 "일 처리가 굉장히 빠르군" 또는 "자료를 깔끔하게 정리해준 덕분에 아주 이해가 잘됐어" 같은 칭찬할 부분은 분명히 있다.

작은 점이라도 매일 칭찬하는 습관을 들이자. 이 습관이 몸에 밸 때쯤이면 부하 직원이나 후배들과 지금까지와는 다른 커뮤니케이션을 할 수 있을 것이다.

질문은 5W2H로 하라

일에 관한 이야기를 할 때는 늘 5W2H를 의식하자. 이 점을 염두에 두고 있으면 정보나 상황을 요령 있게 정리할 수 있고, 구체적인 행동을 실천할 수 있다. 또한 흔히 생길 수 있는 오해를 방지하는 차원에서도 조금 지겹다고 여겨지더라도 5W2H에 따라 이야기하자. 처음부터 정확하게 이야기를 나누고 확인하면 서로 간의 오해로 인해 야기되는 문제들을 미연에 방지할 수 있고, 결과적으로 시간을 효율적으로 사용할 수 있다.

· WHY(왜)

그 일의 필요성과 목적을 명확히 한다.

· WHAT(무엇을)

해야 할 일을 구체화한다.

· WHEN(언제)

　회의 일정이나 최종 기한을 확인한다.

· WHERE(어디에서)

　일을 하기 위해 필요한 장소나 거래처 등을 확인한다.

· WHO(누구와)

　사내의 누구와 팀을 구성할지를 확인한다.

· HOW(어떻게)

　일의 구체적인 진행 방향을 검토한다.

· HOW MUCH(얼마에)

　예산이나 보수 같은 비용을 검토한다.

사람을 소중히 여겨라

시간은 한정되어 있고 모아둘 수 없는 자원이다. 그래서 나는 '시간=돈=인생'이라고 생각한다. 지금까지 시간이라는 한정된 자원을 효과적으로 이용해서 더욱 풍요로운 삶을 누리기 위해 내가 실천했던 여러 가지 방법을 이야기했다. 어느 것이나 매우 중요하지만, 그중에서 가장 중요하다고 실감하고 있는 게 바로 사람을 소중히 여기는 것이다.

사람을 소중히 하면서, 즉 사람을 믿으면서 나 역시 크게 성공했다. 지금까지 많은 이들의 도움을 받았는데, 내가 독립해서 어려운 상황에 처했을 때 손을 내밀어준 것도 사람이고, 기회를 준 것도 사람이다. 그리고 사람을 소중히 하는 마음은 자신의 인격 향상으로 이어지고, 따뜻한 인간성은 삶을 더욱 풍요롭게 만든다.

솔직함을 잊지 마라

어른이 되면 솔직하게 "미안하다"는 말을 자주 하지 않게 된다. 다른 사람의 말을 솔직하게 받아들이거나 꾸중을 들을 기회도 거의 없다. 게다가 사회에 나가 어느 정도의 지위에 오르면 자신의 잘못을 인정할 필요조차 사라진다. 이렇게 되면 아무리 높은 지위에 올랐다고 해도 인간성은 조금씩 실망스럽게 변해간다.

나이를 먹어갈수록, 사회적 지위가 높아질수록 인격을 키우기 위해 솔직해져야 하고, 잘못을 인정하는 정직함을 잊지 않기 위해 노력해야 한다. 잘못을 인정하는 사람, 솔직한 사람에게는 끊임없이 좋은 기회가 찾아오기 마련이다.

상대방 입장에서 생각하라

사업을 하다 보면 늘 자신의 이해득실을 먼저 따지는 사람을 만나게 된다. 하지만 지금까지 내가 만나본 많은 경영자들 가운데 자신의 이익만을 따졌던 사람은 작은 성공은 거두었을지 몰라도 크게 성공하지는 못했다.

나는 이제껏 '누이 좋고 매부 좋고 세상에도 좋게'라는 나만의 규칙을 갖고 사업을 해왔다. 자기 이익만 따지며 상대방의 이익을 생각하지 않는다면 언젠가는 망하고 만다는 사실을 경험을 통해 배웠기 때문이다. 그리고 먼저 상대방 입장에서 생각하는 것이 돌고 돌아 자신에게 커다란 이익을 가져다준다는 사실도 경험에서 배웠다.

여러 번 실천하라

무엇보다 여러 번 실천하는 것이 중요하다. 자신보다 경험이 많은 사람은 그만큼 능력이 뛰어나다고 말해도 좋을 만큼, 경험은 사람을 성장시킨다.

테이블 예절 강좌를 한 번 들었다고 해서 테이블 예절을 완벽하게 습득할 수 있는 것은 아니다. 실전에서 여러 번 경험해 봐야 배운 지식을 몸에 익힐 수 있다. 또 고급 레스토랑의 분위기에 기죽지 않는 배짱을 키우거나 일류 요리의 맛을 알게 되기도 한다. 테이블 예절의 중요성을 이해하게 되는 것이다.

· 반복 실전을 귀찮아하지 않는다.

· 실천할 때마다 그 중요성을 절실히 깨닫는다.

이렇게 의식적으로 실천을 여러 번 반복하면 같은 경험을 하더라도 더 많은 성장을 경험할 수 있을 것이다.

우정이 인맥을 넓힌다

인맥의 중요성은 누구나 알고 있지만, 의외로 인맥 만들기에 서툰 사람이 많다. 느닷없이 이해득실을 따지면서 접근하는 사람, 눈앞의 이득이 없다는 것을 알자마자 곧바로 떠나버리는 사람…… 이런 사람들을 만날 때마다 '이 사람은 좋은 인맥을 만들기 어렵겠다'는 생각이 든다.

인맥이라는 말이 타산적으로 들리기도 하지만, 달리 말하면 인맥은 친구나 지인이라는 위치에 있는 존재다. 인맥이 아니라 친구 또는 지인이라 생각하고 친분을 쌓으면 되는 것이다. 사람들과의 사귐이 있고 그 연장선에서 비즈니스를 통해 서로 협력하는 관계, 바로 이것이 인맥이다.

지금 당장은 주고받을 것이 없는 관계라도 10년 후에 공통의 새로운 비즈니스를 시작하게 될지도 모른다. 상대방의 인간관계가 예기치 못하게 자신을 궁지에서 구해줄 수도 있다. 어쩌면 자신이 갖고 있는 기술이나 경험으로 상대방을 도울 수 있을지도 모른다. 장기적인 생각으로 사람을 사귀어라. 이 것이야말로 진정한 인맥이다.

먼저 상대방을 믿어라

잘 모르는 사람과 명함을 주고받은 후에 가끔 "저 사람 어쩐지 수상해"라고 말하는 사람이 있다. 물론 세상에는 잘 모르는 직업도 많고 '대체 이 사람은 하는 일이 뭐지?'라는 의문이 들게 하는 이들도 있다. 그러나 자신의 지식이 얕기 때문에 모르는 경우도 적지 않다.

상대방이 자신을 소개하며 명함을 내밀면 일단 그것을 그대로 믿으면 그만이다. 처음부터 자신을 못 미더워한다는 것을 느끼면 상대방도 자신을 믿어주지 않는다.

사기를 당해 금전적인 손해를 입는다면 문제가 되겠지만, 자신의 기분에 지나지 않는 문제라면 우선은 상대방을 믿는 것이 인생을 풍요롭게 만든다.

자신의 능력 이상의 일은 말하지 않는다

자신을 더욱 돋보이게 하려고 허풍을 떠는 사람이 있다. 경험이 풍부한 사람은 겉으로는 미소를 지으며 응대하지만, 속으로는 '이 사람은 자신의 능력(그릇)을 제대로 알고 있는 것일까?' 하고 불안하기 그지없다.

자신의 그릇을 알고 그것을 조금 과장되게 이야기하는 것이라면 괜찮다. 무서운 것은 자신의 능력을 제대로 알지 못하는 사람이다. 자신의 능력을 잘 알지 못하는 사람과 함께 일을 하면 커다란 위험이 뒤따른다. 가능하다면 그런 위험은 피하는 것이 좋다.

허풍을 떨고 싶은 마음은 이해하지만 사업 기회를 더욱 넓히려면 자기 능력 이상의 일은 말하지 않는 편이 현명하다.

글쓰기 능력은 독서에 비례한다

문장력이라고 하면 글쓰기를 떠올리기 마련이지만, 글쓰기 능력을 키우려면 읽기 능력이 반드시 필요하다. 읽기 능력이 약한 사람치고 글을 잘 쓰는 사람은 없다. 그리고 읽기 능력은 일을 할 때 정보 수집에 커다란 도움이 된다.

그렇기 때문에 인간으로서 사회인으로서 성장하려면 독서를 피해갈 수는 없다. 좋은 책과의 만남이 인생을 바꾼다는 것은 사실이다. 가능한 한 많은 책을 읽고 정보를 수집해서 자기 것으로 만들자. 꾸준한 독서는 사람을 성장시킨다.

1차 정보를 중요하게 여겨라

정보는 전달되는 과정에서 억측이나 추측, 전달자의 의견이 뒤섞여 사실과는 다른 형태로 유포될 때가 있다. 그렇기 때문에 1차 정보를 중요하게 여겨야 한다.

　정보의 출처를 확인하고 되도록 당사자에게 직접 들을 것. 이 과정을 빼먹는 바람에 불확실한 정보에 휘둘려 자신의 소중한 시간을 낭비할 수 있다. 이 점을 염두에 두고 반드시 정보를 꼼꼼히 확인하는 습관을 기르자.

정보의 사실 여부를 반드시 확인하라

전달된 정보에는 억측과 추측이 뒤섞여 있다. 게다가 소문의 형태로 퍼진 정보는 이야기의 규모가 커져 있고, 중간 전달자들의 의견이나 감정이 가미되면서 사실과는 전혀 다른 내용이 퍼질 때도 있다. 그래서 정보를 얻은 뒤에는 반드시 사실과 해석을 구분하는 습관을 길러야 한다.

사실관계를 확인할 수 없다면 아무리 중요한 정보라도 무시하는 편이 낫다. 그 정도로 사실관계를 확인하는 일은 매우 중요하다.

공통의 목표를 가진 동료를 사귀어라

혼자서 수집할 수 있는 정보에는 한계가 있다. 그래서 정보 교환이 가능한 인간관계를 넓히는 것도 매우 중요하다.

공통의 목표를 가진 동료가 곁에 있다면 "이 책, 읽어보면 도움이 될 거야", "그 세미나는 아주 유익했어" 같은 식의 정보 교환을 통해 서로의 성장을 자극하도록 하자.

글쓰기를 무기로 삼아라

비즈니스를 위해 글을 작성할 때는 아름답게 쓸 필요는 없다. 그러나 기승전결이 분명한 문장을 쓰는 능력은 반드시 필요하다. 최소한의 시간에 상대방이 내용을 제대로 이해할 수 있도록 글을 완성하는 것은 시간 관리에도 도움이 된다.

그러나 무슨 말을 하고 싶은지 알 수 없는 이메일을 보내는 사람도 적지 않다. 그 정도로 글을 쓴다는 것은 심각한 일이다. 그러므로 자신이 쓴 문장을 읽어보고 상대방이 오해하지는 않을지를 생각해서 다시 한 번 검토하는 자세를 갖추는 것이 좋다. 아울러 글쓰기 능력을 키우는 노력도 게을리해서는 안 될 것이다.

· 사실을 분명하게 전달하는 것이 목적이다.

· '무엇을'과 '언제까지'를 반드시 명기하라.

 이 두 가지가 비즈니스 문서의 최소 조건이다. 상대의 답장
이 없을 경우 자신이 보낸 이메일의 내용을 이해하지 못했을
수도 있다는 점을 생각해서 전화로 다시 한 번 확인한다. 그리
고 보낸 이메일을 검토해서 어느 부분이 이해하기 어려웠는지
를 반성한다. 이 일을 반복하면 글쓰기 능력도 향상된다.

말하는 습관을 반성하라

높임말을 때에 따라 적절히 사용할 줄 안다고 자신하지만, 의외로 잘못 사용하는 경우가 종종 있다. 높임말을 잘못 사용하는 버릇은 비즈니스맨으로서의 능력을 낮게 평가받는 원인이 되기도 한다.

나의 위치에서는 어떤 말을 사용하는 것이 적절한가? 이것을 의식해서 말을 하도록 하자. 적절한 말씨를 쓰면 좋은 첫인상을 남길 수 있다. 첫인상이 좋으면 그 후의 인간관계에도 긍정적인 영향을 미친다. 결과적으로 시간을 효율적으로 사용할 수 있게 되는 것이다.

다시 일어설 수 있는 대범함과
반성하는 자세를 갖춰라

시간 관리를 하는 과정에서 목표를 이루지 못했거나 업무상 중요한 실수를 해서 좌절하는 순간은 누구에게나 있다. 그럴 때 '나는 왜 이렇게 무능력할까……' 하고 기죽어 있는 것은 시간 낭비다.

모든 것을 잘해내는 사람은 없다는 마음으로 재빨리 기분을 전환하고 실패를 받아들이자. 그 다음에 '어떻게 하면 해낼 수 있을까'를 생각하는 데 자신의 시간을 투자하면 된다.

어디서 실패했는지를 찾아라

실패를 했거나 나아가야 할 방향을 잃어버렸다면 시간을 거슬러 올라가 어디서 실패했는지를 찾아내야 한다. 자신이 판단을 잘못한 것인지, 아니면 다른 원인이 있는지를 찬찬히 생각해보면 근본적인 문제를 발견할 수 있다.

누구나 잘못을 저지른다. 실패는 곧 경험이 된다. 중요한 것은 실패에서 무엇을 배우는가다.

6:00

시간 관리를 도와주는 도구들

시간 관리를 도와주는 도구들

도구를 사용하는 것도 시간을 쪼개 쓰는 데 있어서 매우 중요하다. 이 장에서는 내가 실제로 사용하고 있는 여러 도구와 사용 방법을 소개하겠다.

휴대전화

나는 휴대전화를 꽤 까다롭게 선택한다. 손안에 들고 쓸 때의 편안함을 비롯해서 다양한 기능 조작도 중요하게 생각한다. 만약 불편하다는 느낌이 들면 휴대전화 때문에 초조해하거나 짜증을 내는 시간을 줄이기 위해서라도 바로 기종을 변경한다. 휴대전화에 포함된 여러 가지 유용한 기능들은 시간 관리에도 큰 도움이 된다. 특히 최근에 널리 사용되고 있는 스마트폰이 갖고 있는 다양한 기능은 가히 혁신적이라 할 수 있다. 나는 휴대전화의 통신 기능 외에 다음과 같은 기능들을 유용하게 사용하고 있다.

- 알람 기능 : 다음 일정으로 옮겨가야 할 때 울리도록, 아침에 하루 일정을 점검하면서 미리 알람을 설정해둔다.
- 이메일 : 업무 연락을 할 때 사용한다.

이 밖에 메모나 해야 할 일 목록, 일정 관리 등에도 사용할 수 있는 기능이 휴대전화에는 탑재되어 있다. 하지만 손으로 메모를 하는 게 더 빠른 사람이 억지로 휴대전화에 메모를 입력할 필요는 없다. 자신에게 편한 것을 사용하면 된다. 이것이 시간을 가장 효율적으로 사용하는 방법이다.

수첩

내가 목표를 이루기 위한 도구로 자주 사용하는 것 중 하나가 수첩이다. 수첩에 하루의 일정 관리는 물론 중장기적인 목표를 구체적으로 기입한다. 이것을 매일 아침 확인해서 목표를 이루기까지의 과정과 목표를 이룬 자신의 모습을 머릿속에 그려본다.

IC 리코더

IC 리코더를 사용해 녹음을 한 뒤에 비서에게 문서 작성을 부탁한다. IC 리코더는 아이디어를 기록하거나 회의 의사록으로도 사용할 수 있어서 항상 휴대하면 편리하다.

이메일

이메일의 등장은 비즈니스에 편리함과 신속함을 준 반면에, 이메일을 주고받는 일거리가 늘었다는 느낌도 든다. 그러나 이메일을 주고받는 것은 단순한 연락 작업에 지나지 않는 생산성이 낮은 일이다. 이런 착각을 없애기 위해서라도 답장을 즉시 보낼 수 없을 때는 이메일을 보지 않는다는 규칙을 정해두는 것이 좋다.

나는 하루에 70건 정도의 이메일을 받는데 대부분은 즉시 답장을 한다. 나중에 답장하겠다고 생각해 계속 미루면 이메일이

쌓여서 답장을 하는 데 시간이 오래 걸리거나, 깜박 잊고 답장을 하지 않는 경우가 생길 수 있기 때문에 확인하는 즉시 답장을 한다는 규칙을 세워 처리하는 것이 가장 안전하다. '답장은 나중에 하자'라고 기억해두는 것도 시간 관리의 관점에서 보면 노동력 낭비다. 이메일은 확인하는 즉시 답장하는 것이 시간을 효율적으로 사용하는 가장 좋은 이메일 이용법이다.

상황에 따라서는 '이메일을 보내야 할까, 아니면 전화를 해야 할까?' 하고 혼란을 겪을 때도 있다. 이렇게 망설이는 것 자체가 시간을 낭비하는 행동이다. 그래서 이메일을 보낼지, 전화를 걸지에 대해 자신만의 규칙을 만들어두도록 한다. 나는 주로 다음과 같은 규칙에 따라 판단한다.

· 아침이나 밤처럼 전화하기에 폐가 되는 시간대에는 이메일로 연락을 한다.

· 주고받은 기록을 남기고 싶을 때는 이메일로 연락을 한다.

· 이메일을 한 번 주고받는 것만으로는 해결되기 어려운 일은 전화를 한다.

· 상대방의 기분을 살피면서 이야기해야 할 민감한 사안은 전화를 한다.

디지털카메라

나는 디지털카메라를 항상 갖고 다니면서 마음에 드는 것이 있으면 바로 찍어 아이디어로 참고한다. 예컨대 백문이 불여일견이므로 부하 직원에게 "이런 디자인은 어떨까?"라고 의견을 이야기할 때 실제로 참고가 될 만한 디자인을 찍은 사진이 있으면 내 의도를 쉽게 전달할 수 있다.

이 밖에 모임 등에서 만난 사람과 함께 사진을 찍을 때도 많다. 촬영한 사진을 상대방에게 전해주면 매우 기뻐할 뿐만 아니라, 사진을 계기로 많은 이야기를 나눌 수도 있다. 기록뿐만 아니라 커뮤니케이션 도구로서도 디지털카메라의 활용도는 매우 높다.

연필과 볼펜

나는 수첩에 바뀔 가능성이 있는 계획은 연필로, 이미 결정된 사항인 목표는 볼펜으로 기록한다. 이러한 규칙을 스스로 정해두면 시간 관리 면에서 훨씬 효과적이다.

컴퓨터

컴퓨터의 수명은 일반적으로 5년이라고 하는데, 나는 3년 정도 쓰면 새것으로 교환한다. 이미 고장 난 뒤에 당황하다가 부랴부랴 바꾸는 것보다 데이터를 교환하거나 새로 설치하는 일을 계획적으로 실행하는 편이 낫기 때문이다.

고장이 나거나 시스템이 오류를 일으키고 난 뒤에는 원하는 기종의 부품 재고가 없거나 데이터가 사라져 다시 작성해야 할 경우가 생기기도 한다. 이러한 위험을 미리 배제하는 것도 시간 관리에서 빼놓을 수 없는 일이다.

자동차

자동차로 이동할 때가 많은 사람은 차 안에서 보내는 시간을 최대한 활용해야 한다. 나는 운전에 지장이 없는 범위 내에서 세미나 CD를 듣거나 뉴스를 확인한다. 또 운전 자체를 스트레스 해소에 이용하기도 한다.

텀블러

　좋아하는 특정 브랜드의 텀블러에 커피를 넣어 갖고 다닌다. 컵을 반복해서 사용할 수 있어 친환경적이라는 이점도 있을뿐더러 보온성이 좋기 때문에 오랫동안 따뜻한 커피를 마실 수 있다. 또 외근을 나가서도 굳이 음료수를 사 먹을 필요가 없다. 텀블러처럼 잠깐의 시간이라도 낭비를 줄일 수 있는 데 도움이 되는 도구는 적극적으로 활용하는 것이 좋다.

이 책을 끝까지 읽어주신 여러분께 감사드립니다. 본문에서 이야기한 것처럼 인생에는 다양한 시기가 찾아옵니다. 슬픔에 빠져 있을 때, 기쁨의 눈물을 흘릴 때, 화가 나서 펄펄 뛸 때, 즐거울 때 등등.

천재 물리학자 아인슈타인의 말처럼 시간과 일을 따로 생각할 수는 없습니다. 그리고 모든 일에는 원인이 존재합니다. '좋은 씨를 뿌리면 좋은 열매가 열리고, 나쁜 씨를 뿌리면 나쁜 열매가 열린다'는 말처럼 지금의 이 시간은 미래에 어떤 식으로든 영향을 미칩니다. 인생에 우연이란 없습니다. 모든 것이 필연입니다. 원인과 결과라는 우주의 법칙이 이 세상을 지배하고 있습니다.

이 책에 소개한 구체적인 시간전략들을 꼭 실천해보십시오.

여러분에게 새로운 미래가 펼쳐질 것입니다. 이렇게 단언할 수 있는 이유는 책에서 이야기한 모든 내용이 제가 인생에서 실제로 경험한 것이기 때문입니다.

저는 남보다 일찍 사회에 첫발을 내딛었지만, 돈도 인맥도 기술도 없었습니다. 유일하게 가진 것이라고는 바로 모두에게 평등하게 주어진 시간뿐이었습니다. 저는 시간을 밑천 삼아 부자가 되고 싶다는 단순한 동기에서 출발해 성공을 목표로 남보다 세 배는 더 열심히 일했습니다. 필사적으로 일하는 동안 성공하려면 열심히 일하는 것뿐만 아니라 목표를 정해놓고 효율적으로 일해야 한다는 것을 깨달았습니다. 그래서 매일 아침 일찍 일어나 그날의 목표를 확인하고, 할 일의 우선순위를 매겨 하루 일정을 계획하고 묵묵히 실천했습니다. 그랬더니 차츰 목표를 이루기 위한 행동들이 습관이 되었습니다.

여러분이 어떤 인생을 걷게 될지는 바로 자신의 선택에 달려 있습니다. 어떤 삶을 살게 되건 그것은 모두 자신의 책임입니다. 그래서 스스로 납득할 수 있는 인생을 사는 것이 중요합니다. 여러분이 목표를 향해 열심히 살아가는 데 이 책이 조금이

나마 도움이 되기를 기대합니다.

　모든 이들에게 평등하게 주어진 시간을 내 마음대로 조정할 수는 없습니다. 그러나 시간을 좀 더 효율적으로 사용하기 위해 지금 여러분이 선택한 행동이 인생의 성공과 실패를 좌우합니다. 이 책을 읽는 모든 분들의 성공을 기원합니다.

인생을 변화시키는 **시간전략**

초판 인쇄   2010년 8월 25일
초판 발행   2010년 8월 30일

지은이   아오키 사토시
옮긴이   이민영
발행인   권윤삼
발행처   도서출판 연암사

등록번호   제10-2339호
주소   121-826 서울시 마포구 망원동 472-19
전화   02-3142-7594
팩스   02-3142-9784

ISBN 978-89-86938-83-8   03320

값은 뒤표지에 있습니다. 잘못된 책은 바꾸어드립니다.

이 도서의 국립중앙도서관 출판시도서목록(CIP)은 e-CIP 홈페이지
(http://www.nl.go.kr/cip.php)에서 이용하실 수 있습니다.
(CIP제어번호: CIP2010002969)